社会主义核心价值体系建设
"双百"出版工程
项　目

/ **100** 位

新中国成立以来感动中国人物/

邓 建 军

沈国凡／著

★

吉林文史出版社

《100位新中国成立以来感动中国人物》丛书

★★★★★

编 委 会

前 言

　　每个人的心中都多少有一点英雄情结,都向往英雄、景仰英雄。也正因此,在中华人民共和国建国六十周年之际,由中央十一部委联合组织开展的"100位为新中国成立作出突出贡献的英雄模范人物和100位新中国成立以来感动中国人物"的评选活动中,群众参与投票总数近一亿。这其中的每一张选票,都表达了人们对英雄模范的崇敬之情,寄托着对伟大祖国的美好祝福。

　　一个民族不能没有英雄,否则这个民族就不会强大。当国家危难之时,懦弱者选择了逃避、妥协甚至投降,英雄们却挺身而出,用热血捍卫民族的尊严,人民的幸福。在创立和建设新中国的伟大历程中,涌现出无数可歌可泣的英雄模范人物。他们之中,有为了民族独立和人民解放而英勇牺牲的革命先烈,有为了党和人民的事业而不懈奋斗的优秀共产党员,有在全民族抗战中顽强奋战、为国捐躯的爱国将士,有英勇杀敌的战斗英雄和革命群众,有积极从事进步活动的著名民主爱国人士和国际友人……他们是民族的脊梁、祖国的骄傲,是激励全体人民团结奋斗的精神力量。

　　《100位新中国成立以来感动中国人物》丛书,就像一部星光璀璨的英雄谱,真实、完整地记录了英雄模范人物不平凡的一生,再现了他们非凡的人格魅力和精神世界。舍身堵枪眼的黄继光,拼命也要拿下大油田的王进喜,中国原子弹之父邓稼先,新时期领导干部的楷模孔繁森……一串串闪光的名字,一个个动人的故事,犹如群星闪烁,光耀中华。

　　当今中国正处于伟大变革的时代,迫切需要涌现出一大批勇于承担历史使命、为祖国和人民奉献一切的先进人物。在"双百"人物崇高精神的引领下,在建设社会主义现代化国家的征程中,必将英雄辈出。

生平简介

邓建军，男，汉族，江苏省常州市人，中共党员。1969年出生，现为江苏黑牡丹（集团）股份有限公司技术总监。

邓建军是当代产业技术工人的突出代表。他中专毕业后继续刻苦学习，研读了二百多册专业书籍，在获得大专学历后继续攻读本科专业，知识积累使他成为工厂技术骨干。当公司进口的外国设备发生故障时，他带领工友们认真研究设备原理，破解了一道道外国设备维护运行中的技术难题，为企业节约了大量生产成本，目前，公司有效应用了世界牛仔布18项最新技术中的15项。他敢于对进口设备进行改造，经改造后的外国设备，操作程序简单，与同类进口设备相比，更具可操作性，部分功能超过了同类进口设备，更符合中国的生产实际。他敢于创新，用数控机床和电路板创造了牛仔布生产预缩工艺的行业最高标准，牛仔布的预缩率精度控制在2.5%以内，优于3%的国际标准。他研制的"在线染料组分自动控制系统"填补了世界空白。他先后对染浆联合机进行了4次技术改造，解决了连续生产不停车这一技术难题。二十多年来，他参与公司的技术创新项目近500个，其中，独立完成150个，仅其中一项就给企业创造了3000多万元的经济效益。他是中共十七大代表，2005年被授予"全国劳动模范"荣誉称号。

1969-

[DENGJIANJUN]

◀邓建军

目 录 **MULU**

■**托起一轮全新的太阳（代序）** / 001

　■**牛仔布——强者的名字** / 001

总书记接见的年轻人 / 002
中共中央总书记胡锦涛为何要前后五次接见这个年轻人?

　刚刚迈出校门的日子 / 004
　邓建军如何参加工作,维修误时让企业损失。电话铃一响,他就莫名地紧张。

外国技工发了脾气 / 008
中国技工配合外国技工工作,对方竟发了脾气,将工具箱踢翻,工具"哗"地一下全部倒了出来。

　■**倔强的中国牛仔** / 011

谁能救活这些死了的洋设备 / 012
中国技术人员从未见过这种洋设备,不请洋专家来,它们将成一堆无用的废铁。

　邓建军为洋设备"把脉" / 013
　作为一名中国技工,邓建军为什么在自己毫不了解设备的情况下,硬是接下了这项难以完成的任务?

邓建军硬啃"骨头" / 018
第一次"啃"这些世界先进设备,电路板竟堆积如山,他如何能解决呢?

　穿着一身牛仔布工装的中国东部"牛仔" / 020
　邓建军能创造奇迹吗? 人们都看着他,等待着事情的结果。

■面对老外开出的"天价" / 023

老外向企业开出"天价" / 024
机器上的传感器成批坏掉，老外开出"天价"才卖，企业无力承担，为此一筹莫展。

这是一场没有硝烟的战斗 / 026
曾经使邓建军取得首战告捷的"秘密武器"，谁知此时却毫无用处。小小的盒子如同一座沉重的大山，压得他喘不过气来。

一种神奇的较量 / 028
神奇吧，老外向中国企业开出的10000元天价元件，邓建军仅花了一分钱就修理好了。

■爱情到来的日子 / 031

实习生是位漂亮的姑娘 / 032
姑娘向邓建军一笑，喊他一声"邓师傅"，他只"嗯"了一声。

姑娘爱上了邓建军 / 034
年轻人都说距离产生美，可是他们每天上班却是"零"距离，姑娘这时决定要带邓建军去见自己的父母。

姑娘用一双信任的目光看着他 / 038
邓建军首次承担一项世界先进技术的改造，压力颇重，令他没有想到，姑娘这时静静地向他走来。

邓建军做了一个"现成"的新郎官 / 040
爱情的果子慢慢成熟。在迎宾曲和鞭炮声中，邓建军穿着崭新西装，姚群穿着红色旗袍，手拉手进入了婚姻的殿堂。

■打造不沉的"航空母舰" / 043

牛仔布预缩率——一道世界性的难题 / 044
凡是干过纺织行业的人都知道"缩水"的厉害！质量科长急得坐立不安。董事长、总经理等公司的决策者们更是心急如焚，一筹莫展。

邓建军能攻下来吗 / 046
妻子临产，为他担心，怀揣中专文凭，进攻世界技术难题，他能行吗？

邓建军到哪里去了呢 / 049
曾经被投诉和索赔困扰着的黑牡丹集团，成了国际牛仔布市场上技压群芳的骄子，成为畅销美国的世界三大牛仔服装面料商之一。在人们欢庆胜利的喜悦声中，有人突然发现邓建军不见了。

■神奇的"中国功夫" / 053

邓建军认为这只是"小儿科" / 054

在技术先进的日本人眼里已是可望而不可即的事情,对邓建军来说却变成了"小儿科",这使人感到吃惊。

与世界先进技术进行"对话" / 058

他必须得重新学习许多新的东西,可那个来到人世间不久的儿子,却被他们夫妻俩称为"老病号"。

中国工人了不起 / 061

生产这种变频器的德国公司表示怀疑,高傲的日耳曼人走进黑牡集团的车间里,用带着挑剔的目光对其进行了全面的检查,终于见到了真正的"中国功夫"!

■挑战本身就是一种力量 / 065

邓建军有这个能力吗 / 066

世界一流的德国某著名公司生产的梳棉机,在全球的纺织业早已树起了一面旗帜,被称为是"完美无缺"的品牌。邓建军却对这样一家在全球极负盛名的企业产品要"动手术"。

牛气十足的外国公司 / 068

外国公司派来一名高级技师,见与他们进行技术交流谈话的竟然是一名普通的电气维修工,个子比他要矮半个脑袋,感到有些吃惊,就问邓建军的学历。

■进军新的领域 / 073

一个令人心动的神话 / 074

几天前,邓建军还在向别人请教,几天之后,困扰纺织行业多年的一座大山,就这样轻易地让一个黑牡丹集团的年轻电气维修工给"搬"走了,这只有短短的一个星期呀!

为了生存必须学习 / 079

中国要真正建成全球制造业的强国,就必须要有可靠的技术支撑。为此,他又迷上了牛仔布的织造工艺。

给几条生产线动一次大手术 / 082

邓建军全力投入试验的时候,岳母在医院不幸去世。邓建军站在老人的遗体面前,泪水禁不住长流。可实验却正在关键时刻。

只有干才能解决 / 088

据国外相关资料,整个一套配置技术上含金量极高,要干,就得全靠自己摸索。

小发明解决大问题 / 091

3000多米布出现色差,企业受到不应有的损失。于是,邓建军开始动脑筋想这件事情。

■点点滴滴成大海 / 093

邓建军手中有一株"灵芝草" / 094
变压器是从国外随同机器一起进来的,要换就得从美国再寄过来。我的天,那将是一个猴年马月的事情!如何才能使这4台机器起死回生?邓建军的手中有没有一株"灵芝草"?

一个认真做"小事"的人 / 096
2000年的一个冬夜,进口的染浆联合机上的电气出现故障,机器无法转动。电话将邓建军从家里催来。

邓建军的背影 / 098
一对恋人,相互配合着,共同感受着工作带给他们的快乐。

邓建军真的来了 / 099
姜志强家的电视机坏了,找不到人修理,心里很是着急。上班的时候遇见邓建军,无意中将这件事情说了,到了星期天,邓建军真的来了。

■走向世界之路 / 101

邓建军赶考 / 102
凌晨1点钟,邓建军乘出租车赶到了抢修现场。经过他的动手维修,故障很快解决了。清晨5点多钟,邓建军来不及洗一把脸,又乘火车赶到镇江,以便赶上当天的考试。

语言是通往世界的桥梁 / 107
外文资料曾使原本只有中专文凭的邓建军犯难,英语成了他的主攻目标,经过几年刻苦学习,他终于越过了层层障碍,不但在大学的自考中获得了好成绩,同时还达到了惊人的口语对话能力。

高科技塑造中国工人的新形象 / 112
邓建军的维修包里根本没有钳子、万用电表这些电气维修工常用的工具,只是带了一台笔记本电脑。

■面对古老的运河 / 115

邓建军回母校 / 116
他的成功给正在校园学习的年轻人带来了一阵春风。对新时代劳动模范的向往和热爱,深深地激励着一颗颗年轻的心。

邓建军与当代大学生对话 / 121
这就是可爱的青春,这就是美丽的爱情,无数颗年轻的心被久久地吸引。

■后记 前面是一轮更加鲜红的太阳 / 125

托起一轮全新的太阳（代序）

　　第一次与邓建军见面是在机声轰鸣的牛仔布染色车间里，他正蹲在地上修理机器，感觉他只是一个极普通的年轻工人———身牛仔布工装，圆圆的脸盘，宽宽的肩膀，厚厚的嘴唇，说话时总是憨厚地朝人一笑，显得有几分腼腆。然而正是这样一个貌不惊人的年轻人，却在工作的二十多年里，获得了自己从未奢想过的荣誉，五次受到中共中央总书记胡锦涛的接见，成为一名新时期中国知识型产业工人的领跑者。

　　邓建军出自"草根"。父母在农田里脸朝黄土背朝天，将他拉扯成人。初中毕业为了将来谋生，父亲给他选择了上中专，学电器维修。父亲的道理很简单，现在电气发展了，农村到处都需要帮乡亲们修理电器的人，将来到哪儿都有碗饭吃。1988 年邓建军中专毕业，同学们大都分进了市里的机关，唯独他被分在紧靠运河边的一个小弄堂里的企业，当了一名电器修理工。时光流逝，岁月留痕，谁也没有想到二十多年之后，他靠着自己的勤奋与才识，越过道道技术险关，攀越座座世界级的技术高峰，成了一名令人仰慕的金色蓝领。

　　邓建军没有高学历。他因为家境贫困中专毕业便进厂上班，面对轰鸣的机器曾感到手足无措，只能在师傅的带领下工作。下班后最怕听到宿舍里的电话铃声，因为那一定是车间的机器出了故障，得立刻去修理。他以中专所学知识与技能为起点，立足岗位，努力学习，勤于思考，不断创新，参与了近 500 项技术改造，独立完成了 150 个技术项目，仅其中一项就为企业创造了 3000 多万元的经济效益。他带头发明的两项专利技术填补了牛仔布制造业的国际空白，有力地推进了中国的纺织工业的发展，使这位来自华罗庚故乡———江苏省金坛市的普通工人，成为新世纪全国首批七个"能工巧匠"之一，新时期中国数千万工人中一颗耀眼的明星。

邓建军有中国人的骨气。面对从国外引进的大量设备，面对外国专家对他的"轻视"，面对发达国家对某种设备开出的"天价"，感到自己的民族尊严受到了严重的挑战。他于是咬着牙，埋头于知识的海洋中，不断研究世界最先进的专业知识，最后终于攻下了一道道世界性的技术难题，他用自己勤劳的双手，让外国专家发出"中国工人了不起"的赞叹，他冲击纺织机械领域世界难题的技术创新之举，被外国专家叹服为"中国功夫"。作为一名中国技工，为国家和民族获得了应有的尊严。

邓建军坚信知识就是力量。工作之余，他不断地加强学习，用滴水穿石的精神自学完了有关专业的全部课程，通过了专业本科学历的自学考试，理论与工作实践的有机结合，使他的知识更加牢固，使他从一名只有中专文凭的普通技工成长为世界纺织机械领域的专家型工程师，逐渐成长为企业技术管理的高级人才。从面对一台故障设备的束手无策到主持新园区九条生产线、近千台大型设备调试工作的从容不迫，他用持之以恒地在工作中学习、在学习中工作的行动，阐释当代工人如何在平凡岗位上造就辉煌业绩。

邓建军让我们认识了一个时代。中国大地上，正在进行着五千年来从未有过的翻天覆地的变化，信息化、知识化，构成了这个时代的两大特色。随着世界经济一体化和全球科学技术的相互交流与渗透，邓建军的出现更有其深刻的内涵。邓建军的意义在于他以自己的实际行动，推动了时代的发展与进步，在中国工人的史册上，用智慧塑造了一个全新的形象——将王进喜等老一代中国工人埋头苦干，吃苦耐劳的"老黄牛精神"与探索求真、科学务实的时代精神有机地结合起来，对中国劳模进行了全新的诠释，使之成为一个有知识、有理想、有抱负的时代精英。

小人物，大事业，平凡岗位，惊人成就，这就是邓建军！

他用中国工人的大手托起了一轮全新的太阳！

牛仔布——强者的名字

总书记接见的年轻人

⭐⭐⭐⭐⭐

江南又绿，草长莺飞。

南京的熊猫电子集团软件园 54 号楼 10 楼会议大厅。

这一天是 2004 年 4 月 30 日。

胡锦涛总书记将在这里接见江苏省的部分全国劳动模范。

下午 5 点多钟，总书记在视察完熊猫集团后来到这里。

劳动模范们站起来热烈鼓掌。

总书记微笑着走上前去，与劳动模范们亲切握手。

这时，总书记在一位年轻人面前停了下来，伸出手去紧紧握住对方的手。

人们这才注意到，这个年轻人肩上披着的红色绸带上写的是：江苏省劳动模范。

这令现场的人们感到有些奇怪。

接见结束，总书记与劳动模范们合影留念。

然后，总书记与劳动模范们举行了座谈。

在座谈会上，总书记仔细地听着这个年轻人的汇报。

他向总书记汇报说："……牛仔布缩水率的稳定控制是一道世界纺织技术上的难题，我们依靠自己的力量终于解决了……"

总书记听后十分感兴趣地问起有关"缩水率"的技术问题。

年轻人向总书记作了相关的技术汇报。

总书记听后高兴地点点头，对这个年轻人汇报的有关牛仔布缩水率已被控制在 2.5% 以内，优于国际上的 3% 非常感兴趣，就问道："控制在 2.5% 以内是什么概念？"

年轻人向总书记认真地解释了牛仔布的防缩概念，2.5 代表什么，控制不好会带来什么后果。

听完之后，总书记转过身去对身边的中共中央办公厅主任王刚说："看来我们回去后要多学习这方面的知识。"

最后，总书记作了重要讲话，他说明天就是五一国际劳动节了，首先代表党中央向全国的劳动模范、向为改革作出巨大贡献的工人阶级、各族人民致以节日问候和崇高敬意，并高度评价了劳动模范在社会主义建设事业中的先锋带头作用，鼓励全社会向劳动模范学习，不断学习新知识，不断掌握新技能，在社会主义的伟大建设中再立新功。

接见在轻松和谐的气氛中，不知不觉地进行了将近一个小时。

座谈会结束后，总书记和与会的劳动模范再次握手。

在总书记接见的劳模中，那位唯一的一名江苏省级劳动模范是谁？

总书记为什么会在座谈会上详细听取他的汇报？

半年后，这个年轻人接到有关部门通知，从繁忙的车间来到北京，在人民大会堂宴会厅，参加建国五十五周年国庆招待会。

在这里，他再一次见到了胡锦涛总书记。

2005 年 4 月 30 日，这个年轻人又一次走进了北京人民大会堂。

这里正在召开全国劳动模范、全国先进工作者表彰大会。

在京的党和国家领导人都出席了这次会议。

中央电视台的摄像机哒哒地转动着，向全国人民进行着大会的实况转播。

那个年轻人的名字首次出现在全国劳动模范的名单里。

他走上大会主席台，站在胡锦涛总书记的面前，从总书记手中接过金光闪闪的奖状和证书。

这时，总书记伸过手来，紧紧握住他的手，亲切地说："祝贺你！"

这难忘的镜头在电视屏幕上停了很久。

2005 年 7 月 20 日，那个年轻人再次来到北京。

这次，他是来出席中华全国青年联合会第十届委员会第一次全体会议的。

在开幕式的会议大厅里，他再次见到了胡锦涛总书记，并与总书记合影留念……

在短短一年多的时间里，日理万机的胡锦涛总书记四次接见了这个年轻人。

为什么机遇总是降临到这个年轻人身上？

这个年轻人为什么会获得如此崇高的荣誉？

这个年轻人究竟是谁？

→ 刚刚迈出校门的日子

★★★★★

1988 年夏天，一个刚刚迈出校门的青年人来到位于运河之滨的常州市第二色织厂，轻轻推开组织科的门，向办公桌前的女同志递上了自己的工作介绍信。

那位女同志看了看介绍信，抬起头来打量着眼前的这个年轻人：中等个子，剪着刷把式的平头，圆脸上戴一副近视眼镜，厚嘴唇，见人先是一笑，露出两排洁白的牙齿，显得敦实而憨厚。

按照当时的规定，中专毕业生进厂就算是国家干部，可以在厂里的机关科室里坐办公室了。可是，令他没有想到的是，组织科的女同志告诉他说："根据厂里发展的需要，准备成立一个电子组，决定将你和另外两名大中专毕业生安排到这个组里当工人，负责全厂的电器维修。"

他能说什么呢？与他一起毕业的同学，有的分在市级机关当了干部，有的留校做了教师，有的进厂成了科室的管理人员，而此时的苏南大地正涌动着经商的大潮，更多的人开始将金钱和财富当做成功的象征，谁也没有更多地留意刚刚走出校门的这个年轻人。而命运却是如此地安排了他，从此要在这家弄堂小厂里当一名终日与机声相伴的工人……

他从组织科出来，顺着厂门前那条狭窄的弄堂往回走，面对着外面色彩纷呈的世界，只觉得脑子里乱哄哄的。弄堂的路面太窄小了，两边人家的屋檐靠着屋檐，压得他有些喘不过气来。可是，这条不起眼的弄堂却有着一个响当当的名字——淘沙巷。

小巷的旁边有一座小桥，弯弯的拱形如一弯明月倒映在碧波里，桥栏上的石板上，刻着几个苍劲的大字——琢初桥，这是根据当年捐款建桥的常州大慈善家伍琢初的名字命名的。

再往前走，就是横跨京杭大运河上的百年古桥——德胜桥了。

常州是一座有着两千多年历史的文化名城，不管当时这些桥是因何得名，数百年沧桑下来，古人取这些名字的寓意是很明显的。大浪淘沙，玉不琢不成器，道德为人心之圣，这都是前人留下的古训，也许每一个名字的后面都有着一个生动的故事。这些呈现在他面前的路名和桥名，是昭示着这个年轻人未来的道路呢，还是命运选择中偶然的巧合？

现在，他已经走上了德胜桥。

站在桥头，看着滔滔的河水从脚下流过，面对着运河边那座弄堂里的厂房，心里一时难以平静……

第一天上班，在机声阵阵的车间里，他遇见了一个穿着工作服的"老工人"，这个"老工人"拍着他的肩膀问道："小伙子，你就是新分来的邓建军吧？"

车间里第一次被人问话，他显得有些腼腆，没有说话，只向这位"老工人"点点头。

"老工人"朝他笑着说："我们厂还要大发展，设备正在进行更新，新设备科技含量高，正需要你们这样有专业知识的年轻人来维护、保养和检修。怎么样，愿意在我们厂当一名工人吗？"

邓建军感到十分奇怪，这位"老工人"怎么对自己的情况知道得这么清楚？他仍然没有回答，再次朝这位"老工人"点点头。

"老工人"看他憨厚的样子，高兴地说："好，好，好。"

邓建军后来才知道，这个以特殊方式迎接他进厂的"老工人"竟然是老厂长姚顺才。让邓建军、雷勇、顾建强三个大学和中专毕业生到生产第一线当工人，组成电子组也是他的主意。

就这样，从常州轻工业学校电气自动化专业毕业的邓建

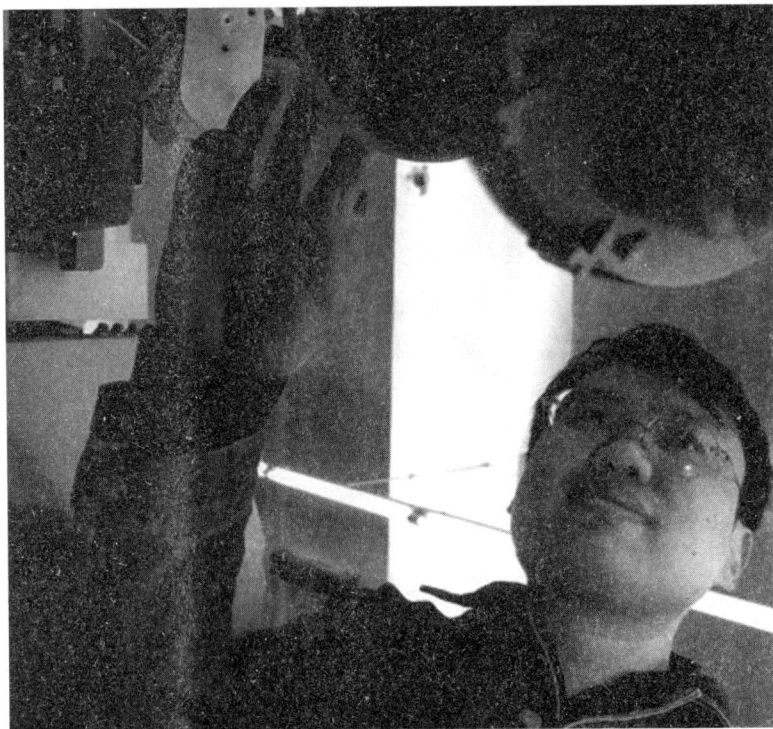

△ 邓建军在染色车间生产现场

军，在这家工厂里当了一名电气维修工。

为了保证生产，厂里专门为他们的宿舍拉了一条专用电话线。

这天晚上，电话铃响了，厂里设备出了故障，必须立即进行抢修。

邓建军急忙赶往车间，将设备打开开始寻找事故原因。

可是，这些不会说话的线路左一条，右一条，密密麻麻，如同蛛网，怎么努力都找不出个头绪来。

这是一家生产牛仔布的工厂，还未完全染色的巨幅白色纱线，瀑布般从数丈高的机器上倾挂下来，有气无力地躺在两台机器之间，工人们停机后都站在旁边焦急地等待着，他们满以为厂里新来的这个有专业知识的技术工人，一下子就能将故障找出来，并能尽快修好，使机器正常地转动起来。

一个小时过去了，仍然没有找出故障的原因，邓建军急得满头大汗。

看着邓建军的样子，工人们不觉都有些失望。

没有办法，邓建军只好打电话向师傅求救。

师傅赶来后，首先打开机盖，仔细地查看了一下线路，将钳子伸进去，换了几条电线，然后再将螺丝拧紧，机器很快便转动起来了。

师傅只用了十几分钟，就三下五除二地解决了问题，使一旁的邓建军十分尴尬。

师傅站起来对他说："这只是一个与电器搭界的机械小故障，以后可得多留心，多学习。"

听了师傅的话，邓建军觉得很惭愧。

事后有人悄悄地告诉他，就因为维修耽误了过多的时间，厂里一下子损失了好几千元，这真叫人心疼啊！

从此，那根牵到他们宿舍的电话线，一直连着他的每一根神经。只要电话铃一响，他便会感到一阵莫名的紧张……

→ 外国技工发了脾气

★★★★★

刚刚走进安装现场的邓建军瞪着惊奇的目光，呆呆地站在那里。

这是怎么啦？安装设备所需要的工具被弄得满地都是，一位老外正在对身边的中国工人指手画脚地大声训斥。

他弄不明白，老外为什么要发如此大的脾气？

邓建军进厂不久，常州第二色织厂改名为黑牡丹（集团）股份有限公司（以下简称黑牡丹集团），渐进发展成了今天的上市公司。

为什么会出现这样的一个名称呢？

1938 年，在全国的抗日烽火中，一位名叫吴嘉声的民族资本家怀着实业救国的愿望，在这里建起了一家专门生产色织布的工厂——嘉声染织厂。1955 年实行公私合营，以后国家买断了所有股权，变成了一家国营企业。"文革"中，厂名改为红卫色织厂。"文革"后，改名为常州第二色织厂。

进入上世纪 90 年代初期，面对激烈的市场竞争，厂里经过认真考虑，决定实行股份制，专攻牛仔布的生产，进入国际市场，与世界牛仔布生产的强国争个高低，将企业改为常州市第二色织股份有限公司。

这么一改，麻烦就出来了。

到了国外，人家订货商不承认，认为一家生产高质量牛仔布的企业，名称怎么能随意改来改去呢？把人都给弄糊涂了，这样的企业还能叫人相信吗？自己生产的品牌不打出来，也就没有了信誉，国际市场上的订货量显著下降。

在一次订货会上，一位外商指着企业生产的牛仔布说："你们生产的牛仔布多好呀，产品的商标又叫'黑牡丹'，真就像中国的黑牡丹一样，你们企业的名称怎么改我不管，我就叫你们黑牡丹！"

国门初开，面对着一块中国生产的牛仔布，东西方文化进行着激烈的碰撞。

那时中国的企业名称，都带有企业所在省市的标志，否则工商行政注册时就会遇到困难，这完全是计划经济时代管理的需要。外商的话，给企业领导者极大的启示，牡丹乃国色天香之花，人们习惯将她称为花中之王，而黑牡丹则是牡丹中的极品，以此来命名企业，打造着一家中国企业的品牌，立足国际市场，这不是很好吗！

从此，黑牡丹作为一个中国牛仔布的品牌，开始逐渐跻身国际市场。

然而，企业生产仍然是依靠上个世纪三四十年代那种落后的1515和1511型织机，这种用金梭银梭传统工艺生产出来的产品，不但质量较差，而且成本偏高，每年生产的数量也有限。随着国际市场的拓展，远远不能适应需要。

于是，企业作出决定，对原有设备进行技术改造，大量从美国、日本、德国、意大利、比利时等纺织机械先进的国家进口设备。

设备运进来了，技工们面对着这些全新的庞然大物，顿时感到束手无策，安装时只能给高薪请来的外国技工当下手。

可是，这下手也不是那么好当的。

由于中国传统纺织设备都是以机械为主，而现在国际上的纺织机械却是以集成电路为主，以机械为辅，这就要求中国技工必须掌握一定的电气自动化知识，集电气和机械为一体，才能适应目前外国设备安装的需要。而这恰恰是过去中国培养传统技工的弱项——分工过于细致，电气与机械脱节，因此在与外国技工的配合上就难免有些手忙脚乱，不知所措。加之相互语言不通，老外让拿扳手时却拿成了钳子，让拿电表时却拿成了螺丝刀，双方比比划划，无形中耽误了大量时间。

这种配合对于双方来说都是一种痛苦，老外越干越生气。

就在邓建军刚走进来时，一位正在安装的老外对配合的工人终于发了脾气，他伸出胳膊，将递过来的工具扔出老远，然后一抬脚，将面前的工具箱踢翻，里面的工具"哗"地一下全都倒了出来，弄得车间里满地都是。

老外这次是真的来火了，他挺着高高的鼻子，站在那里，对配合的中国技工哇哇乱叫。

中国技工在外国技工面前一下子矮了半截。

没有先进的技术，那是要受气的呀！

眼前的一切深深地刺激了邓建军，作为一名年轻的中国技工，他觉得脸上很不光彩，怀着沉重的心情离开了现场……

倔强的中国牛仔

→ 谁能救活这些死了的洋设备

★ ★ ★ ★ ★

常州是长江三角洲上纺织企业比较集中的地方。许多企业这时都在进行内部结构调整，更有不少的企业正在进行兼并和重组。曾经只是一家产值不过百万元的弄堂小厂的黑牡丹集团，在新一轮的中国纺织企业"洗牌"中，寻找着自己发展的新机遇。

他们瞄准了方向，准备迎难而上，逆风起飞。

不久，企业的领导层作出重要的选择，向着自身的发展迈出了关键性的一步——兼并与扩张。

1992 年，黑牡丹集团兼并了常州一家织布厂。

这种举动当时给人们一种"蛇吞象"的感觉，甚至有人认为，黑牡丹集团如此兼并，会给自己背上沉重的包袱。

然而，黑牡丹集团的领导们却有另外的盘算，这家被兼并的企业有较大的厂房，便于将来更大的发展。还有一批技术工人，只要企业管理得好，就可以让他们发挥更大的作用，为企业创造出更高的效率。

除了这些之外，更让他们感到兴奋的是，这家企业以前从国外进口了五十台比较先进的剑杆织机。看到这些先进的设备，就如同看见了真金白银一样，这正好与企业科技领先，引进先进纺织设备，面向未来世界的发展思路相吻合，企业完全可以依靠这些先进的洋设备，在技术领域里打一场翻身仗，将"苦菜花"变成真正的"摇钱树"。

在许多人感到担心的时候，企业的领导们心里却暗暗地感到高兴。

这是黑牡丹集团向着未来的战略目标迈出的第一步。

可是，令人没有想到的是，企业的领导们到现场一看，不觉都倒抽了一口凉气。那些被认为是真金白银的先进的进口剑杆织机，都在那里有气无力地沉睡着，一台台锈迹斑斑，上面都蒙上了一层厚厚的灰尘。

要让这些被废弃了的设备转动起来，绝非一件容易的事情。

再仔细地查看一下，更大的难题摆在了面前：这些先进的剑杆织机对于当时的中国纺织行业技术人员来说，还是相当陌生的，从来都没有人安装和使用过。加之许多资料已经散失，如果不请外国专家来对这些设备进行重新检测、保养和安装，那将是一堆毫无用处的废铁。

企业的发展面临着巨大的挑战。

谁能救活这些死了的洋设备呢？……

→ 邓建军为洋设备"把脉"

★★★★★

丁东明是黑牡丹集团有着丰富实践经验的机械维修工，企业领导们经过认真研究，决定让他对这些洋设备把一把脉，看能不能通过中国人自己的努力，将这些已经快要废弃了的剑杆织机投入生产。

费了很大的工夫，丁东明才基本上弄明白了这些进口剑杆织机的真正状况，他向公司领导汇报说，由于机器长久不用，损坏十分严重，如果要将这批设备投入生产，机械方面的维修他可以负责，但这些进口剑杆织机大都是靠电气操纵，而电气方面的损坏更大，得有一名十分专业的人员来进行维修，就是这样，最快也得半年时间。

当时企业的技术维修工大都文化程度不高，只能担任一些平常生产的机械维修任务，对于电气化的理解，也都只在一般的用电表测一测是否断电，维修一个电流开关，换几条电线等简单的电工维修方面，对于进口设备中复杂的微电设备，根本就没有接触过。这种技术力量能不能将这些进口设备的电气部分修理好呢？

企业领导们对此进行了认真的研究，会上公司董事长曹德法提出："能不能让小邓来试试看。"

人们不由得感到吃惊，小邓，不就是那个进厂不久的中专生邓建军吗？这个整天很少言语的年轻人，戴一副近视眼镜，连走路都好像在想心事一样，这个在全厂的青年工人中并不起眼的年轻人，他有能力完成这个重任吗？

这可是关系到企业发展的大事啊！

曹德法看看那些疑虑的目光，然后说："我们企业的技工队伍已远远不能适应企业的发展了，像邓建军这样的年轻人，就要给他压担子。别看这个年轻人平时话不多，但他肯钻研，我看现在也只有这个办法了，就让他来试试吧，这也是对他的一次考验！"

于是，抱着试试看的想法，公司将五十台进口剑杆织机电气修复的任务交给了邓建军。

直到接受这项任务的时候，邓建军还不知道进口剑杆织机为何物。令人奇怪的是，他竟然将这项任务接了下来。

真是初生牛犊不怕虎。

第二天，他带着几个人到现场一看，这只"牛犊"一下子傻眼了，站在眼前的却是一只真"老虎"：那些废弃的设备堆在地上，如同老虎一样地向他张开着大嘴，妄图吓退面前的这个年轻人。

改革开放以来，中国的纺织工业面对国际市场严峻的挑战，开始了一次空前浩大的自身改造，向传统的金梭银梭时代告别，大力引进和发展自己的无梭织布业，形成了具有一定规模的无梭织机产业。黑牡丹集团的这五十台剑杆织机，也是在当时的形势下引进的，在技术上都是最先进的。

形势的发展急速需要中国人自己来解决纺织机械方面的技术问题。

刚刚参加工作的邓建军，被时代的大潮推到了第一线。

邓建军生来就有一股憨劲，他不退缩，决定要先揭开这些剑杆织机吓人的"面纱"，看看里面到底是一些什么样的"心肝宝贝"。

机盖被揭开了，他顿时吓了一跳，这哪里是什么机器呀，里面黑乎乎的，铁锈早已将机器包裹。再看一下线路板，简直就是一团乱麻，无论怎么都理不出个头绪来。凭自己现在的技术水平，别说是只给半年时间，就是再多的时间，恐怕也很难在这团乱麻中理出一个头绪来。

剑杆织机的微电线路板，犹如人的大脑一样，整个机器的转动都是靠它来指挥的。而那些密密麻麻的线路，就如同大脑中的血管，纵横交错，密如蛛网，只要有一根出了问题，就会祸及到整台机器。面对着这些从未见过的微电线路板，面对着上面这些多如繁星、细如芝麻的接触点，在没有图纸、没有任何资料的情况下，技术难度如此之大的一项维修工作，别说是他一个刚出校门不久的青年工人，就是有着几十年经验的老师傅，也会感到束手无策。

他这才感到有些后悔，自己竟然如此冒失地接受了这项关系到全公司生存和发展的重要任务，额头上不由得急出了汗水。

正在这时，"突"地一下从机器里跳出一只老鼠来，把他吓了一跳。

现在邓建军要退还来得及。

他愣愣地站在那里，面对这些剑杆织机发呆……

脱离过去单纯的机械操作，实现机电一体化，提高机器的生产和控制能力，这是当今世界上高速剑杆织机的一大特色。

这种剑杆织机纬纱的选色性能好，更换品种简单方便，品种适应性广，可使用各种原料的纱线织制各类型织物，特别适合小批量、多品种的织物生产，是当今世界上先进的纺织机械设备。

邓建军了解到，他所维修的这五十台剑杆织机，是目前国际上一家跨国大公司的产品。

邓建军进厂的第二年，国内纺织企业正告别传统的"金梭银梭"，开始运用机电一体化高科技设备。公司第一次引进纺纱设备，外方工程师来厂安装调试，邓建军索要操作手册时，对方不屑一顾地拒绝了。外方人员来安装调试设备，邓建军抓住一切机会"偷艺"，跟在后面看他们怎么调试参数、怎么处理故障，一样样默记在心。

此时，邓建军心潮起伏。

他想起了自己向外国技工索要资料时所受到的歧视，想起了外国技工用脚踢翻的工具箱，那一对闪着傲慢目光的蓝眼睛，那高高扬起的鼻子，曾经是那样刺痛着他年轻的心。一个技术落后的国家，那是会受别人欺负的呀！

难道这些进口的剑杆织机，真得要再请外国技工来维修和安装？这样公司花钱不用说，中国人在这些老外的眼里又会是什么样的呢？作为一名中国技工，邓建军实在不愿意再看到那种目光，再看到那高傲的鼻子，再听到那工具箱被人踢翻的声音……

几天后，曹德法遇见邓建军，见他闷闷不乐的样子，就说："小邓，你有什么困难吗？"

邓建军说："曹董，说没有困难那是假的。"

曹德法说："那你看能不能完成？"

邓建军闷声闷气地说："说真的，没有把握。"

曹德法说："那你看怎么办？"

邓建军说："没有别的办法，只有把它完成。"

曹德法是了解邓建军的，这是一个行动多于语言的青年人，面对困难，他肯花力气，又肯钻研，又有一定的文化，相信他会完成这项艰巨的工作。他看了看邓建军，点点头说："你有这个决心，我也就放心了。"

这些进口剑杆织机是当时世界纺织行业先进的设备，国内采用这种设备进行生产的企业极少，没有现成的经验，邓建军只好四处寻找相关的书籍和资料，下班后一本一本地苦读。

对于一个只有中专文化、外语水平不高的中国技工来说，要完全弄懂这套进口设备的性能、作用以及相关电路板的结构，简直就是天方夜谭。可是，邓建军却不信这些，他决心要攻下这道难题。

这天已经是半夜了，医务室下中班的医生赵惠萍在经过电子组修理室时，发现屋子里还亮着灯光，就轻手轻脚地走进去，见邓建军独自一人坐在堆满工具的桌子前，正用功地读着手中的一本厚书。走过去一看，那是一本与电气有关的技术书。

夜已深了，寒气从打开的窗子外面飘了进来，邓建军竟一点也没有在意。就连赵惠萍来到他的面前，他也完全没有察觉。

赵惠萍上前劝道："小邓，都半夜了，快回去休息吧。"

邓建军这才发现站在自己面前的赵惠萍，有几分腼腆地说："嘿嘿，没有办法，很多东西过去都没有学过，现在急需，得赶快补上……"

邓建军硬啃"骨头"

深夜，邓建军从书本上抬起头来，疲倦的脸上露出了笑容。

经过不断的学习和探索，邓建军终于从云山雾海中走了出来，想出了一套进行维修的办法。在这些剑杆织机线路图不知下落的情况下，首先得在一片空白中建立起新的图纸资料，从最基础的制图开始，然后根据机器的性能，在实际操作中再对图纸进行逐渐的完善，最后达到正确的安装，使这五十台被废弃的进口剑杆织机转动起来，为企业生产出真正的"真金白银"。

可是，绘制出如此众多的电路图纸谈何容易。

随便拿一块电路板看一看吧，在这张小小的板子上，除开那些密密麻麻的线路不说，光是这些线路的接触点，仔细地数一数就有两千多个，光用肉眼那是无论如何都无法看清的。

怎么办？

在没有任何先进设备的情况下，邓建军想出了一个办法，将线路板放在放大镜下，一边观察每一个接触点，一边进行图纸的制作。

每一块线路板上面都有两千多个接触点啊，要用这种土办法一点一点地仔细查找，一点一点地画在图纸上，难度可想而知。只找了几十个点，邓建军已累得满头大汗。

正当邓建军为此着急的时候，突然乡下的亲戚打来电话，说他母亲在田里插秧苗的时候，由于劳累过度，晕倒在田里了，让他赶快请假回家去看一看。

听到这个消息，邓建军的心一下子提了起来。他真想立刻放下手中的电路板和放大镜，赶乘当天的班车回到母亲身边。

邓建军清楚地记得，那是自己13岁的时候，第一次离开家乡，到金坛县城的华罗庚中学上初中。那时人小，特别想家。到了寒假的时候，为了省钱，与同乡的同学们一起步行回家。

苏南的冬天寒冷而潮湿，到了下午的时候，天突然下起了大雪。为了回家，几个小孩在漫天风雪中艰难地向前走动着。

走着走着，邓建军实在走不动了，看看天色将晚，只好让年龄大一点的同学先赶回家去告诉家里的大人。

也不知过了多久，邓建军发现前面的雪地里有一个人正朝自己的方向走来，当那人走到面前的时候，邓建军才看清是自己的母亲，只见她的身上落满了雪花，头发也被寒冷的雪花覆盖着，雪白雪白的。

母亲是家里的太阳。看到母亲，邓建军便感到了温暖，一下子扑进了母亲的怀里。

风雪中，母亲给了他温暖和爱意，她拉着他的小手，一步一步朝家里走去……

每当想到这些，邓建军就要掉泪。因此每年的农忙时节，他都要利用假期回家帮助母亲插秧、种地。为了维持一家人的生计，父亲长年在外打工，家里的活全都落在了母亲一个人身上。

一个上了年纪的女人，要做许多男人的农活，那该有多么艰难啊！

可是今年呢，邓建军因为接受了公司交给的这项任务，在新的挑战面前，他无法离开自己的岗位，在农忙的时候更没有时间回家去帮母亲插秧、种地。为此他感到内疚，感到自己对不起母亲的养育之恩，现在母亲病倒了，邓建军真想立刻请假回家看一看。

他马上四处找笔，准备向公司请几天假。

可是，他的目光不觉又停在了那几块进口剑杆织机的电路板上，全公司多少双目光都在看着自己呀，这可是自己第一次啃这块世界先进设备的"骨头"，要是自己攻不下来，就得请外国技工来操作，自己作为一名中国技工，脸上还能有什么光彩呢？

想到这里，邓建军咬咬牙，立刻给乡里的亲戚打电话，托他们代为照顾母亲，自己便一头扎进了那些堆积如山的电路板里……

→ 穿着一身牛仔布工装的中国东部"牛仔"

★★★★★

制图？说起来容易，真要干起来，那真是困难重重。

一块电路板上的两千多个接触点，在放大镜下要一一进行测试和计算，这不仅需要认真严肃的科学态度，同时更需要有一定的微电和数学方面的知识，面对着一些印着外文的地方，仅有中专文化的邓建军更是感到无从下手。此时那些纵横交错的线路，虽然细小得无法用肉眼看清，可是它们就像一条条广阔无边的河流，横在他的面前，他必须得找一条船，才能够渡过去。

这条船就是知识。

邓建军一边干，一边学，一边将学到的知识运用在实际的制图工作中。

他自己将这种方法叫做"热炒热卖"。

这办法同用放大镜查找线路接触点一样，虽然显得有些笨拙，但还是帮了邓建军的大忙。他就像蚂蚁啃骨头一样，一点一点地将那无法数清的接触点连接了起来。

转眼春去夏来，他终于在没有任何外来帮助的情况下，绘制出了这些进口电路板的维修图纸。

正当他感到兴奋的时候，又一个问题摆在了面前，这些绘制出来的图纸是否正确，是否能真正地应用到实际的维修中去，按照这些图纸维修后的剑杆织机能否正常地运转呢？

人们不得不为邓建军捏了一把汗。

进行维修和安装的时候正是夏天，闷热而潮湿，可是邓建军却穿着一身厚厚的牛仔布工作服，一干就是十几个小时。

有人好奇地问："邓建军，这么热的天，怎么还穿那么厚的牛仔布工作服？"

他嘿嘿地笑着说："蚊子太多了，就连这厚厚的牛仔布都挡不住。"

就这样，邓建军不分白天黑夜，在现场一蹲就是十四五个小时，他一边将图纸摆在面前，对照着进行施工，一边又结合现场实际，对自己绘制的图纸进行切合实际的修改。就这样干一干，再改一改；改一改，再干一干。一边干，一边摸索；一边摸索，一边干。他的经验和知识在干中不断地积累，从开始时几天才能修一块电路板，到后来一天就能修几块电路板了。

负责机械维修的丁东明简直不敢相信眼前的事实，那些看似神秘莫测的微电路板，就如同外国人给中国技工布下的迷魂阵，一块块密如不可逾越的星河，竟然在这个看似有些"笨拙"的青年人的努力下，正一点一点地解决着。

丁东明在干活的时候不觉抬起头来看看邓建军，这才发现在闷热的夏天，他那件牛仔布工装上已浸满了汗水，脸上到处都有蚊虫叮咬的细小的红疙瘩，这个极不引人注目的小伙子，正默默地工作着。他就是依靠着这种"笨"办法，竟然创造出了奇迹，悄悄地解决了这些进口剑杆织机电路板的维修，使这些堆放在废物中的"洋垃圾"起死回生。

一个穿着一身牛仔布工装的中国东部"牛仔"，在黑牡丹集团公司首次创造了令人意想不到的奇迹！

曹德法知道这个消息后还是大吃了一惊，如此快的速度，如此高的质量，这是他所未曾想到的。

　　看着那些转动的机器，曹德法用手摸了摸下巴，高兴地笑了起来："这个年轻人的确不错啊！"

　　这是进厂不久的邓建军给曹德法的第一个惊喜。

　　然而，令这位董事长没有想到的是，邓建军在以后的工作中又给了他更多的惊喜，正是这一个接一个的惊喜，使过去名不见经传的"黑牡丹"，在中国乃至世界牛仔布生产的大舞台上，绽放得更加鲜艳……

面对老外开出的"天价"

老外向企业开出"天价"

★★★★★

这是一张同学送来的结婚请帖，邀请他去出席自己的婚礼。

同窗数载，表示祝贺，这是人之常情，邓建军早早就做了准备。

礼品买好了，事前他也请了假。

可是，当他刚走到半路上的时候，却听见后面有人在叫自己。

那人上气不接下气地追上邓建军，急迫地对他说："厂里的机器不转了，你能不能回去看一看？"

邓建军说："我已请好假了，中午得赶去参加同学的婚礼，你能不能让别人给看一下？"

那人说："请了几个人，都找不出毛病来，大伙一想，还是得请你回去帮看一看，不然全厂都得停机了。"

邓建军听说要停机，立刻转身就往回走。

来人这时反而有些不好意思地问："小邓，你不去喝喜酒了？"

邓建军说："算了吧，这杯喜酒不喝了。"

他满头大汗地跑到厂里，根据以往的经验，直奔后织车间。

这里停放着从比利时进口的喷气织机和剑杆织机，这些设备虽然先进，但到了黑牡丹之后仿佛有些水土不服。这两种机器上的张力传感器在造型和结构上都有其特殊性，不同于其他类型的张力传感器，目前国内暂无国产的可以替代。由于在生产过程中长期处于高速运转状态，传感器受高频振动，容易引起电阻应变片的脱落和电阻损坏，故障频率较高。反映在牛仔布的质量上，容易造成送经不均的云织疵点。

外国专家离开后就不断地出现各种各样的问题，给生产带来很大的麻烦。这些本可以为企业创造更大效益的世界先进纺织设备，却成了一个久治不愈的病人，成了企业的一种负担，整个公司为此伤透了脑筋。

经过仔细检查后，邓建军发现，毛病出在传感器上。

一向以生产钟表、精密仪器著称的比利时，在世界纺织机械生产中同样是一个技术领先的强国，他们生产的 OMNI 喷气织机和 GAMMA 剑杆织机在目前世界纺织机械中都是很先进的，为了加快企业设备改造，黑牡丹集团花了大把的外汇，一下子进了许多台，全部放在了后织车间。令使用惯了中国纺织机械的人们没有想到的是，这些机械最关键的部位却是一个如同肥皂盒一般大小的经纱张力传感器，这是整个机械的"眼睛"。可是这个"眼睛"却很脆弱，由于织布机在织造过程中高速运转，张力传感器就处于每分钟高达700 次的高频振动中，非常容易疲劳，从而导致损坏。

传感器是比利时进口的纺织机器的核心技术，在安装时对方并没有提供这方面的相关技术资料，使用惯了中国纺织机械的工人们对这只小小的"肥皂盒"充满了一种神秘感。

在此之前，传感器每月都会出现三四次故障。只要发现坏了就将这些东西统统送到这家比利时公司在上海的维修服务部去修理，再不就先花钱买下一部分。为了不影响生产，企业一下狠心就进口了几十甚至上百只传感器，而每一只传感器的价格高达 8000 多元人民币。

公司上下都认为这是一件合情合理的事情，谁也没有认为不正常。

邓建军决定立刻动手换传感器。

可是到仓库里去拿时，却发现剩下的传感器不够用了。

怎么办，一个十分棘手的问题摆在面前。

再仔细看一下这些专用电路板，早已过了保修日期。也就是说，要修理这些传感器，企业还得花上一笔不小的开支。

于是，公司立刻与上海的国外公司维修部联系。

可是，得到的回答却令他们感到吃惊。这批传感器已过了保修日期，老外不给修了，只卖传感器成品。随着欧元上涨，这种最初只需要 8000 多元的东西，一下子涨到了 10000 多元，而这种电路板公司每年都要消耗 100 多只。

面对老外开出的"天价"，总经理王盘大急了，这么多机器上的传感器成批量地坏掉，影响产品质量不说，费用也实在太高了。维修费用的增加直接影响到产品成本，进而影响到市场的竞争。

本想引进进口设备来提高生产质量的黑牡丹集团，却得到了事与愿违的结果。

古老的运河绕着厂房朝前奔流着，在这里画了一个巨大的问号……

→ 这是一场没有硝烟的战斗

★★★★★

邓建军认为，厂里这样做是花了冤枉钱，长此下去是很不正常的。一家企业要维持自己的生计，同时还要向前发展，就必须立足于依靠自己，而不能将自己的未来押在外国人的身上，一切都得依靠外国人才能干事情，这样下去，发展民族工业，将中国建设成为经济强国，就只能是梦想。

这时，供应科长找到邓建军，问他能不能想个办法，自己来解决这个问题。

这个想法与邓建军正好不谋而合。

可是，那科学的东西并不是你说解决就能解决的，找到老外，人家说早已过了保修期，不可能再提供图纸，要修得等有时间，不愿修的话，那就赶快拿钱来买，世界上哪有不花钱就能办到的事情！

邓建军听了不服气，这样涨价，岂不是要将进口这些设备的企业往绝路上推吗？

老外却理直气壮地说，你要不服气，那就修一只传感器给我看一看。

嗨，这真是欺我神州无人啊！

邓建军一下子来了犟劲，他就不相信有着世界四大发明的中国人，比别人要笨，老外能办的事情，中国人依靠自己的力量也一定能够办到。

如果说一开始邓建军有些犹豫的话，现在他决定要与这些洋设备拼一拼了。

他找到公司总经理王盘大，主动要求尝试解决这项技术难题。

正为此事一筹莫展的王盘大高兴了，拍拍邓建军的肩膀说："小邓，我全力支持你，有什么困难你提出来，我立刻帮你解决，我们要在这件事情上长一长中国人的志气！"

有人问邓建军，这是专用传感器电路板，根本没有图纸，你怎么能修好？

邓建军说，不花大价钱就等老外把图纸交给我们，那只能是我们一厢情愿的事情，而现在就是花大价钱，人家也不愿给你图纸，就等着你花更多的钱去买他的东西，我们自己不干怎么办？难道天上会给我们掉下一块馅饼来！我们中国技工的技术的确不如别人，但我们却不能没有了中国技工的志气！

就这样，邓建军主动"上马"了。

下班了，邓建军像往常一样没有回家，而是将传感器拿到自己的桌子前，对其进行仔细的研究。

最后，他终于禁不住将传感器全部拆开了。

这一拆，不由使他倒抽了一口冷气，我的天！这可不是一般的线路，密密麻麻，用肉眼根本看不清。

如果说邓建军在前面维修进口剑杆织机的线路板取得了一点经验的话，那么面对着比利时织机上的这些传感器，原有的经验就等于是个"零"。因为国际上日新月异的电气事业，不断地生产出各种各样的新产品，特别是微电气方面的更新换代十分迅速。过去剑杆织机上的电路板都是平面的一块，所有的线路都在一个平面上，虽然只有肥皂盒大小，但用放大镜最终还是能够找到的。现在邓建军手中的这只传感器的电路板，面积却只比火柴盒大一点，而这只厚度只有 2 毫米的电路板，却是一个多层板，表面一层上面就布满芝麻粒似的器件接触点。这完全是一个多层次、立体化的"王国"，根本无法看到里面的线路。

连最基本的线路都无法看到，那还怎么修理？

老外的产品就是这样神奇，不知是有意不让用户了解核心技术，还是因为技术进步本身的需要，反正这些多层结构的线路板，除了他们自己的技工可以进行修理外，中国技工还没有一个解开过这个神秘的"魔盒"。

邓建军决定从探秘开始，用"笨"办法来一层一层地解开这里面的秘密。

放大镜曾经是邓建军首次向国外先进技术挑战的"秘密武器"，这次他仍然用这个"武器"，决定首先弄清线路，制出图纸，然后再进行修理。

这是一场没有硝烟的战斗。

在这场高科技的相互较量中，曾经使邓建军取得首战告捷的"秘密武器"，谁知此时却毫无用处。他在依靠它艰难地解开了表面一层的线路之后，对于里面几层微电路，便感到措手无策。因为要想看到里面的线路，那得依靠更先进的科学技术，采用世界最先进的办法穿透一层一层的线路板，才能看到里面多层次的线路。

中国目前显然没有这样先进的装备。

邓建军拿着那只有火柴盒般大小的盒子，在手中翻来覆去地看着，时而双眉紧锁，时而紧咬嘴唇，小小的盒子如同一座沉重的大山，压得他喘不过气来。

⊙→ 一种神奇的较量

☆☆☆☆☆

多少个夜晚，邓建军难以入眠。

其实，这小小的"火柴盒"压着的又岂止是邓建军一个人呢？它压着的是正在励精图治的黑牡丹集团，是奋起直追的中国纺织工业，是中国民族工业昂首前进的步伐。

不征服它，不解开里面的秘密，中国人就永远只能跟在别人的后面，听随别人的摆布，让外国人无休无止地来赚我们中国人的钱。

这是一件令人心痛的事情。

可是心痛又有什么办法，你没有那个本事，就只能在别人先进的技术面前"俯首称臣"。

等了几天后没有结果，总经理王盘大急了，跑来问邓建军，能不能攻下来，有什么困难需公司帮助。如果实在不行，咬咬牙也只得花钱买老外的了。

邓建军摇摇头，闷声闷气地说："我再想想办法。"

王盘大是了解邓建军的，这个平时言语很少的年轻人，是一个实干家，他既然说了这句话，那就可能会创造出奇迹。

王盘大决定暂不进口新传感器。

邓建军四处寻找相关书籍，终于发现借助一种国内现有的专业仪器，可以透视到里面几层的线路，然后再通过电脑辅助将这些线路一点一点地进行模拟再现，就可以制出自己的新网络表了。

夜已是很深了，邓建军为自己的发现兴奋不已，平时沉默的他，竟然轻轻地哼起了歌。

可是当时人们对于计算机却还是十分陌生的，邓建军在轻工学校时也没有专门学习过这项课程，也就是说，为了解开这些神秘的"魔盒"，他还得赶快学习电脑方面的相关知识。

邓建军这个人倔就倔在他从来都不信邪，仅仅几天时间，人们惊奇地发现，邓建军竟然能用电脑模拟一般的线路了。

这是一个星期五的晚上，邓建军在家里花了七个多小时的时间，用计算机"剥"图纸，将进口传感器电路板神秘的外衣一层一层地"剥"开，借鉴网上相关集成块的功能知识介绍，将这些电路板绘制成了新的原理图。

这时，熹微的晨光正照在玻璃窗户上，邓建军看着窗外正在升起的朝霞，顿时感到一身轻松。

可是，在科学的道路上哪有平坦的道路可走？邓建军还未来得及高兴，对传感器故障的分析却又将他带入了云里雾里。因为比利时的这种传感器，都是应用世界高科技研制而成，要按照绘出的线路图分析出真正的事故原因，还得需要更多有关微电方面的知识。而这方面正是邓建军所缺少的。

他又开始了埋头学习与研究。

星期六和星期日，邓建军又用了两天时间分析电路，消化原理图，对几只坏电路板进行了数据校正和修理。

星期一上班，他将这几只修好的电路板装上机器，机器竟正常运行了。

没想到的是，一周后电路板又坏了。

这令邓建军困惑不解，到底是什么原因让电路板这么脆弱？

在科研组成员姜永强和杨文俊的反复调试下，邓建军发现电路板上芝麻粒似的器件，根本经不住高频震动的冲击，过一段时间就会脱落或走动——真是皇天不负有心人，经过四十八个小时的不眠奋斗，邓建军神奇地找出了故障的真正原因。

就是这样一个极不起眼的小小元件，老外竟向中国企业开出了 10000 元的天价，它不仅绊住了中国纺织企业前进的脚步，同时也给中国的企业带来了羞辱。而这些易损坏的器件，在市场上非常容易买到，有的只要一分钱，如果用替代品，一年只需要花上百八十元钱，这样一来，不仅可以每年为企业节省 120 多万元，同时还解决了由于张力传感器受损给纺织品造成的疵点。

于是，邓建军从市场上成批量地买回器件，两个月内就修了 80 只电路板，到现在已经修了 200 多只。

一分钱与 10000 元，这是一种何等神奇的较量啊！

邓建军，中国新一代技工中的神手！

爱情到来的日子

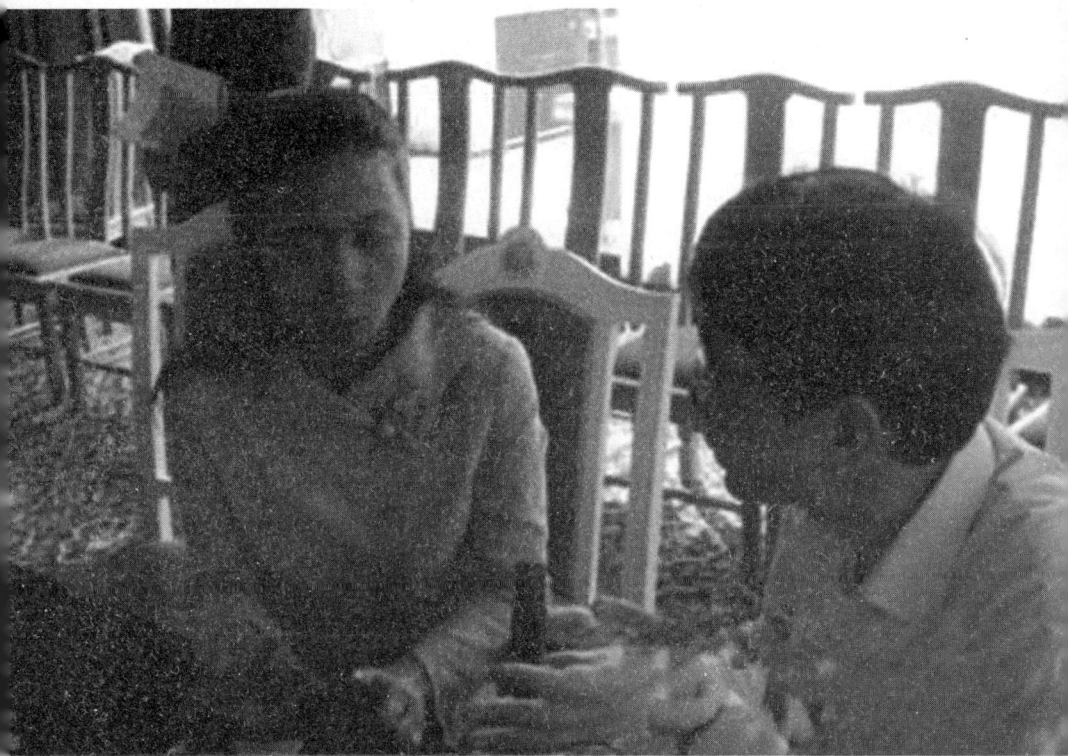

实习生是位漂亮的姑娘

☆☆☆☆☆

1989 年夏天，一个刚从中专学校毕业的姑娘来到邓建军所在的电子组实习。她中等个子，一头乌黑的短发，同邓建军一样，见人先是甜甜地一笑，第一次见到邓建军，便喊了一声邓师傅。

这么一叫，邓建军还真有些不好意思，脸微微地有些发热，很不自然地用手推了推鼻梁上的眼镜，只"嗯"地答应了一声。这一声不打紧，却让刚进厂实习的这位姑娘感到了一种敬畏。别看这个人比自己大不了几岁，那股沉稳劲儿，看起来就像一个进厂多年的老师傅一样。

电子组三个人都是年轻的小伙子，来了一位姑娘气氛自然就比过去热闹得多了。但她发现邓建军这个小师傅，却与别人有些不同，平时总是沉默寡言，可要是谈起技术上的话来，他的话就开始多了起来。他眼镜后面的一双眼睛，好像整天总是在思考着什么，显示出一种沉思与忧郁。

后来这个姑娘分在厂里工作，接触多了，她才知道此时的邓建军正在想办法对公司的关键设备染浆联合机进行改造，因此他的心思大都用在了这上面。

染浆联合机，那可是生产高质量牛仔布的关键设备，白色的棉纱经过这道工序之后牛仔布才能崭露出缤纷的彩霞，但在更换另一个经轴时就必须有一次停车的过程，每一次停车则要给公司造成几千元的损失，每台车一天都要停上三四次，日复一日，一年下来就是上千万元的经济损失，在整个行业还没有解决这个难题时，大家也只能把它认为是生产产品的必然损耗，公司心疼，邓建军更是心疼。

要让染浆联合机在更换另一个经轴时不用停车……这可是一个大胆的设想，但世界上哪有永动机！

可是，邓建军却在琢磨着如何让染浆联合机连续运行而更换经轴时不用停车这个问题。

人类对于永动机的想法起源于印度。公元 1200 年前后，这种思想从印度传到了伊斯兰世界，并从这里传到了西方。

在欧洲，早期最著名的一个永动机设计方案是 13 世纪时一个叫亨内考的法国人提出来的。他的这个设计被不少人以不同的形式复制出来，但从未实现不停息的转动。

从哥特时代起，这类设计方案越来越多。17 世纪和 18 世纪，人们又提出过各种永动机设计方案，有采用"螺旋汲水器"的，有利用轮子的惯性、水的浮力或毛细作用的，也有利用同性磁极之间排斥作用的。宫廷里聚集了形形色色的企图以这种虚幻的发明来挣钱的方案设计师。有学识的和无学识的人都相信永动机是可能的。这一任务像海市蜃楼一样吸引着研究者们，但是，所有这些方案都无一例外以失败告终。他们长年累月地在原地打转，创造不出任何成果。通过不断的实践和尝试，人们逐渐认识到：任何机器对外界做功，都要消耗能量。不消耗能量，机器是无法做功的。这时的一些著名科学家斯台文、惠更斯等都开始认识到了用力学方法不可能制成永动机。

19 世纪中叶，伟大的能量守恒和转化定律被发现了。人们认识到：自然界的一切物质都具有能量，能量有各种不同的形式，可从一种形式转化为另一种形式，从一个物体传递给另一个物体，在转化和传递的过程中能量的总和保持不变。能量守恒的转化定律为辩证唯物主义提供了更精确、更丰富的科学基础，有力地打击了那些认为物质运动可以随意创造和消灭的唯心主义观点，它使永动机幻梦被彻底地打破了。

永动机的想法在人类历史上持续了几百年，这个神话的倒掉，有利于人们正确地认识科学，改造世界。

邓建军认为，前人之所以未能生产出永动机，那是违反了能量守恒定律。而现在要改进的这种纺织机，那是不断地有电力供应的，在这样的情况下让机器永不停止地转动起来，是有可能的。

也有人认为外国的技术总比我们先进，他们没有搞出来的东西，我们也不一定能搞出来。

可是邓建军细想一想又觉得不服气，既然你们说是当今世界上最先进的，为什么总停车? 难道这样的技术问题就不能解决好了再生产?

面对着经常要停车的染浆联合机，邓建军决心要对它实行改造，把它真正地变成一台连续生产不停车的中国式"永动机"。

当这位实习的姑娘知道这个消息时，不得不同许多人一样感到惊讶，这是一个什么样的人呢，难道真的能实现中国纺织行业的梦想?

她既为邓建军感到高兴，同时也为他有些担心。

但就是这样，只要她向邓建军询问技术上的事情，邓建军总是会放下手中的活，一点一点地给她讲解，给她一个满意的答案。

后来接触多了，她从邓建军身上看到了一种踏实、认真的工作作风和朴实、真诚的待人态度，特别是对于技术的钻研劲儿，更是令她敬佩不已。

可是，一心埋头在染浆联合机改造中的邓建军，过了好久才记住了这个到电子组实习的姑娘的名字——姚群。

→ 姑娘爱上了邓建军

★★★★★

实习很快就结束了，姚群正式在黑牡丹的机关上班。

可是她的脑子里仍然还留着邓建军的身影。

姚群同邓建军一样，都是从农村出来的，待人朴实真诚是他们共同的品质，她平时也很少言语，只是默默地做着自己应做的那份工作。

这样的性格与邓建军正好相似。

公司里一位领导看出了两个年轻人的心事，于是便介绍他们再次认识，安排了一次见面。

姚群仍然称邓建军为邓师傅，邓建军则想了好久，才叫一声小姚。

姚群看看邓建军，他此时完全没有了钻研技术时的那种精神了，反而显得有些不好意思，低着头，只顾看自己的脚尖。

两个本来话语不多的年轻人，就这样默默地坐着。

同每一个少女一样，姚群对于自己的未来曾有过美好的憧憬。

她希望未来的丈夫与自己不在一个单位。两个人整天上班下班都在一起，那多腻味呀！不是说距离产生美吗，没有了距离这样的生活还能美吗？两只"鸡蛋"都放在一个筐里，万一企业倒闭，两个人到哪里找饭吃去？

可是在与邓建军的接触中，她却深深地爱上了这个沉默寡言的年轻人，他肯学习，肯钻研，跟这样的人生活在一起会感到踏实、安全。

姚群终于改变了自己的初衷，她要带邓建军去见自己的父母。

邓建军买好了礼品，跟在姚群的后面去她家，两位老人刚刚打开房门，邓建军身上的传呼机响了，他只好跑到楼下去打电话，原来厂里的设备又出了故障，十万火急，催他赶快回去。

没有办法，邓建军只好又噔噔地跑上楼去，向未来的岳父岳母打了个招呼，就急匆匆地走了。

在这次"面试"中，邓建军给两位老人的印象正好与他本人的个性相反：办事不稳重，总是急冲冲的。

爱情面临着新的考验。

邓建军怎么能不忙呢？经过多年的实践，他已从一名普通的维修电工，成长为企业的技术骨干，他与电子组的几个人不但承担着企业设备维修的繁重任务，同时还在对那几台染浆联合机进行改造。

技术改造是永无止境的。每一次的探索与试验，都使邓建军拥有了向更多困难挑战的资本与勇气，也更增加着他作为一名中国技工的志气与自信。而这次他所努力攻克的染浆联合机，却是一道世界纺织行业的难题。在此之前，就连世界上最先进的设备，在染完一缸布之后，也会出现停机。在停机过程中，因为温度、湿度等环境条件的变化，总要产生将近 3600 米染色不均的废布，给企业造成极大的浪费，并直接影响到进度与生产质量。

看着每次长达 3600 米布的损失，从小过惯了苦日子的邓建军心疼极了。

为了解决这道难题，邓建军开始走访国内有关专家，寻找相关书籍，四处搜集资料，通过网络寻找各种信息，有时连做梦都在想着这件事情。

可是，对于染浆联合机的改造进展得并不顺利。

爱情和技改都面临着挑战。

邓建军是一个肯下"笨功夫"的人。

有一次，他从表哥那儿看到一本《多层印制板设计程序应用手册》，如获至宝，借回来后便与其他两位成员利用空余时间日夜突击抄写。近 300 页的专业书，三个人整整抄了两个星期。

有了这本"书"，他就整天捧着阅读，非要从中读出一点"味道"来。

有了理论，他就结合实际，目前世界上的十八项纺织新技术，如同放电影一般在自己的脑海里"放"了一遍，然后结合染浆联合机的改造，逐一地进行比较和分析，然后再从理论上进行论证。这样从学理论到结合实际，又从实际再回到理论，反复地论证之后，他的眼前突然一亮，终于找到了改造染浆联合机的路子——他向公司提出了改直流调速为变频调速的设想。用中国自己生产的变频器代替安装在机器上的直流变频器。

染浆联合机是纺织企业生产牛仔布的主要设备，常言道："染浆联一响，黄金万两。"要是这次改造成功，不仅打破了染色换轴必需停车的传统观念，同时还会给企业带来可观的效益，邓建军的心中兴奋不已。

邓建军的想法得到了公司领导的支持，于是他便开始进入了紧张的设计。

这时姚群又来约他一同去红星大剧院看电影。

看电影，这是那个时代青年人恋爱的一种极其普通的方式，男女双方在这种特殊的场合交换着感情，倾诉着爱恋。

这时，邓建军从一大堆图纸上抬起头来，呆呆地看着姚群，歉意地用手指着那些图纸说："你看，我能有时间去看电影吗？"

姚群说："你就不能先放一放，出去换换脑子，休息一下？"

邓建军摇摇头说："可是，这染浆联合机一天不改造好，企业一天就要有数千元的损失，时间不能等啊！"

也许恋爱中的女性都有脆弱的一面。姚群的眼圈有些发红，可是她咬着牙，没有再说什么。还能再说什么呢？虽然相处不久，但她是理解邓建军的，只好悄悄地收起电影票，将爱深深地埋进了自己的心里。

这是一种理解，一种无言的鼓励和力量。

邓建军将姚群送到门外，看着她秀丽的背影消失在晚霞的余晖里，他愧疚地摇摇头，转过身去，仍然埋头在那一堆散乱的图纸里。他没有别的选择，做一名优秀的中国技工，这是他一生的选择，如果连这一点都不理解的话，将来又怎么能够在一起生活呢？

对于姚群的理解他是感激的，因为他现在正是关键时刻，在整个设计中，只要一个信号隔离不到位，就会造成前功尽弃。

就这样，邓建军花了整整两个月的时间，终于将图纸全部绘制出来了。

此时，邓建军满以为可以松一口气了，他决定约姚群去看一场电影，以补偿上一次自己的失礼。

可是，令他没有想到的更严重的问题出现了……

邓建军自从那次在楼门口与未来的岳父岳母打了一声招呼之后，就再也没在这两位老人的面前露过面。

一直关心着女儿婚事的两位老人，不觉对这个未来的女婿有些不放心起来，就是再忙，也总得来与老人坐在一起正式地见见面呀！

为此，姚群也曾去找过几次，每次去都见邓建军在那里忙碌，不觉又心痛起来，自己便悄悄地离开了。

这时的邓建军正是改造染浆联合机的关键时刻，但他同时也没有忘记自己的爱情，他终于抽了一点时间找到姚群，将自己初步取得的成果告诉了她，让她与自己共同分享。

根据图纸，邓建军和大家一起投入了改造。

令热恋中的这对年轻人没有想到的是，这洋设备脾气就是大得很。当邓建军和他的工友们按照图纸，将中国生产的变频器装上去之后，在开始试车时，这设备就一下子来了傲劲，发出了"嘣"的一声巨响，将装上去的变频器一下子炸裂了。

那台趴在那里的染浆联合机设备，仿佛板着铁青的面孔，在对邓建军说：你一个东方黑头发、黑眼睛的小伙子，一个中国的青年工人要想"改造"我，那不是天方夜谭吗！

本来满怀信心的邓建军也被这一声巨响给震懵了。

他从失败中抬起头来，仿佛自己的前面突然一下耸立起了一座山峰，那是个还没有人攻克下的高峰，登山的道路上充满着风雪。他自己则独自站在崇山峻岭中，前不见古人，后不见来者，感到一阵寒意。在此之前，没有任何可供借鉴的经验，更没有成功的先例，他必须依靠自己的力量，独自解决面临的问题，然后登上那座令人敬畏的高山。

所有在场的人都为邓建军捏了一把汗。

邓建军再次检查了安装的情况，没有发现问题，于是换了一台国产的变频器，下令继续试车。

机器刚一转动，只听"嘣"的一声，新换的变频器再次炸裂。

邓建军来了倔劲，下令再换。

可是结果仍然相同。

就这样接二连三地换了好几台国产变频器，换来的却是接二连三的爆炸声。

第一天试车，炸了两台。

过了几天，再次改换方式试车，又炸了五台。

这种国产变频器在当时接近 5000 元一台，这样一来，一下子就损失了数万元。

本来满怀信心的邓建军，一下子陷入了痛苦之中，感到"无颜见江东父老"。

这是邓建军进厂以来，第一次充当"心脏"，独立承担一项世界先进技术的改造，承受的压力可想而知。

令他没有想到的是，这时姚群来了，静静地坐在他的旁边。

姚群没有说过多的话，只是用一双信任的眼睛看着他。

还有什么能比这双目光更令邓建军受到鼓舞的呢？

董事长曹德法、总经理王盘大、工会主席戴伯春以及公司的几位副总都来关心他，希望他不要灰心，继续大胆探索。

作为一名工人，邓建军为自己一下子给企业"浪费"了那么多钱而心痛，曹德法则笑着说："没关系，只要能攻下这个世界尖端技术，将来就会给企业带来更大的经济效益。凡是搞科学技术，从来都没有一帆风顺的，我们的眼光应该要放远一点。作为中国人嘛，我们不光要看到自己的企业，也还要有我们中国人的志气才行。"

邓建军开始玩命了！

他天天泡在试车现场，到了下班时间也不愿走，反复寻找失败的原因……

→ 邓建军做了一个"现成"的新郎官

★★★★★

对于邓建军来讲，这是一个永生难忘的日子，他与姚群经过相互的认识与了解之后，终于决定结婚了。

黑牡丹集团为他们两个举行了隆重的婚礼。

这场婚礼来之不易。

邓建军在改造染浆联合机的过程中，面对不断的变频器炸裂声，决定从源头查起，结果没有发现自己的设计有什么不当的地方，他便将目光锁定在那几台国产变频器的质量上。

经过仔细检查，果然发现那几台国产变频器，没有按照他的设计要求进行生产。于是将生产的厂家请来，在现场进行查看，立刻发现了问题的症结。

厂家承认，自己在生产上存在着一定的问题。由于没有按照邓建军设计的要求，在制造时进行光电隔离，使变频器的质量受到了影响，造成了不应有的事故。

于是，几台重新生产出来的变频器运来了。

中国人首次制造出来的"心脏"，装在了这台染浆联合机上，很快便转动起来了。

试车现场一片欢呼！

几天以来，邓建军的脸上第一次露出了笑容。

从此,这台染浆联合机在中国生产的变频器的控制下,连续不停地转动着,为企业创造了惊人的效益。

邓建军所创造的中国式"永动机"终于成功!

可是,邓建军并不以此为满足,他与工友们又一起研究,对这家公司的染浆联合机进行了前后四次较大的改造,在国内率先解决了连续生产不用停车的这一世界性的纺织难题,邓建军用自己的成功,写下了中国技术工人敢为人先的光辉一页。

经相关专家论证,改造后的设备操作程序更加优化,功能的先进性方面超过了国际的同类先进设备。1981年进厂的蔡志忠是染浆联合机的值班长,他亲眼目睹了邓建军在这项技术改造中所经历的艰辛与困苦,见证了这套关键设备在邓建军这个中国青年技工手中所获得的新生。

蔡志忠说:"在邓建军的改造下,我现在所操作的这几台染浆联合机在各方面的性能,都可以跟国际先进设备相媲美,这确实是一次脱胎换骨的改造,我作为一名掌握这些机器的中国工人,常常为此而感到自豪。"

一提起染浆联合机的四次改造,曹德法就念念不忘邓建军。他说,邓建军带领工友解决了连续生产不用停车这一难题,仅此一项为企业创造经济效益就达3000多万元。

在漫长而艰难的染浆联合机的改造过程中,姚群发现邓建军是一个永远都闲不住的人,与这样一个整天都醉心于与机器打交道的人结合,她感到踏实。诚然,他们的爱情少了许多花前月下,但姚群却并不在意,她真诚地说:"我从来没想过他能给我浪漫,但我认定这个人诚恳踏实,和他在一起我们就是踏踏实实地过日子。"

在改造染浆联合机的基础上,通过400多天的实践和摸索,邓建军综合染整工程、化学、电化学等知识,开发了"在线染料组分自动控制系统",并一口气钻研出在线染液控制系统、在线流量控制系统、自动浆液控制系统等一整套技术,均是行业内首创。这一系列成果使"黑牡丹"产品的染色质量在世界上遥遥领先。

"2004年9月,我们已给这项技术正式申请了专利。"说到这里,邓建军脸上露出了舒心的笑容。

邓建军从 1990 年开始，前前后后对染浆联合机进行了多次大改造。2004 年，邓建军综合机械学、电化学、化工学、计算机等方面的知识，研制了一套"颜料组分分析计算机控制系统"，实现了牛仔布染色计算机控制，使几千万米布料染出的颜色全部一致。

这个系统不仅填补了国内空白，在世界上也是先进的。

在默默的工作中，爱情的果子也慢慢地成熟了。

企业没有忘记邓建军，帮助他承办了全部婚宴。

这位为国家和企业争光的青年技工，做了一个"现成"的新郎官。

那个邓建军入厂时曾在半夜里发现他看书的赵惠萍，这时已担任行政科长了。为了让邓建军的婚礼办得隆重而热闹，她不但动员全科的人员都去帮着布置，食堂四周张灯结彩，同时还自己亲自下厨房，忙着端菜送糖。

这是黑牡丹集团有史以来第一次为一名普通工人举办如此盛大的婚礼。

在迎宾曲和鞭炮声中，邓建军穿着崭新的西装，姚群穿着红色旗袍，他们手拉手进入了婚姻的殿堂。

董事长兼党委书记曹德法亲自为他们证婚。

十六张桌子前都坐满了人，人们高举酒杯，向这一对新人祝福！

打造不沉的"航空母舰"

牛仔布预缩率——一道世界性的难题

★★★★★

随着时代的发展，生活节奏的加快，人们对于服装的审美情趣也在发生着很大的变化。世界纺织业发展的历史表明，在当今生产的各种服装面料中，没有哪一种能够像牛仔服这样受到不同阶层、不同年龄、不同性别的人们的欢迎，经久不衰。

人们将牛仔服装面料称为纺织行业中不沉的"航空母舰"。

面对着牛仔服装如此看好的国际市场，生产出具有国际质量的牛仔布，让中国的产品打入国际市场，这是黑牡丹集团奋斗的目标，可是，在上个世纪的80年代末到90年代初，这艘航船出港不久，就遇到了无情的风浪，变成了一艘即将沉没的"航空母舰"。

"沉没"的原因是公司接到了许多客户的投诉，说他们生产的牛仔布缩水率不稳定，直接地影响到牛仔服装的生产。更有的客户提出要向公司索赔。

此类投诉不断增加，直接影响到企业的信誉，事情非同小可，公司上下立刻查找原因。

原来，纯棉制品洗后会缩水，不同批次的布料缩水率也不一样，有时候缩得多，有时候缩得少，很难控制，作为纯棉产品的牛仔布，缩水稳定控制问题在 90 年代是世界性的久未解决的一大难题。

在生活中我们可能会遇到这样的尴尬：一条牛仔裤洗了以后就变短了，颜色也变得一块深一块浅。这些看起来只是一些小问题，但全世界不知道有多少亿人在穿牛仔服装，这又不是小事。

于是，在全世界的牛仔布生产中有一个规定的标准，那就是以美国利惠斯特劳斯公司规定的缩水率必须稳定地保持在 3% 以内，否则都将被认为是不合格产品。

黑牡丹集团生产的牛仔布缩水率一般只能控制在 4% 左右，就是这个数字也很不稳定。细想一下，由于缩水率的不稳定，做出来的牛仔服穿在身上皱巴巴的，那会是一种什么样的感觉？

质量科长姜为民为此急得坐立不安。曹德法、王盘大等公司的决策者们更是心急如焚。凡是干过纺织行业的人都知道缩水的厉害！

王盘大算了这样一笔账："出口牛仔布预缩率高了，生产方受损失。如果多缩 1%，也就是 100 米的牛仔布通过预缩机多缩 1 米，黑牡丹每年 6000 万米的产量，就得减少 60 万米，这是上百万的损失呀。相反，如果缩少了，又达不到质量标准，做出的服装会因收缩不当而变形，造成国际索赔等问题。"正当人们一筹莫展的时候，有一个人提出来要为企业攻下这道世界性的难题。这个人就是邓建军！

邓建军能攻下来吗

★★★★★

如果说邓建军提出要解决电路板的改造问题，人们对他不会再提出怀疑，因为他学的就是电气自动化，同时多年来已在这方面取得了一定的成绩，有了较为丰富的经验。而牛仔布的预缩率，需要的却是另一方面的知识，这方面知识对于邓建军来说，还是相当陌生的。

1999 年，在市总工会的大力提倡下，公司将邓建军所在的电子组改成以他的名字命名的科研组。小组里的成员徐文虎曾经是邓建军的徒弟，听后认为这个项目太难，因为就是国外专业生产的先进防缩设备，缩水率的稳定控制率也只能达到 3%，现在我们能够超过它吗？再说这样做的话，工作量太大，因为要求的数据太多，关键是找到这个原因的所在，凭几个人的能力几乎是不可能的事情。

邓建军就是有这么一个倔犟的脾气，难度越大，就越能激发他攻克难关的动力，尽管没有把握，邓建军还是愿意试一试。

妻子姚群也为他担心，问道："你有把握吗？"

邓建军笑着说："谁也不能打下包票说能成功，但是我想关键还是要自己去做，自己去尝试。"

姚群还能再说什么呢，此时她已经怀孕了，每天挺着个肚子买菜烧饭，默默地多做一些家务活，让邓建军能够全身心地投入自己的工作。

如果说邓建军以前在对于剑杆织机的维修和染浆联

合机的改造中，与进口洋设备打的是防御战的话，这次对牛仔布预缩率的挑战就是一场进攻战了。

在邓建军的家里，他自己专门有一间小书房，里面放着一张写字台，一张单人床。下班后他就将自己关在这间小小的屋子里，一干就是大半夜。累了就在小床上躺一会儿，渴了就自己倒一杯开水。姚群则在另一间屋子里，侧着耳朵听着这间小屋里的动静。她为丈夫的身体担心，经常会在半夜里醒来，看着那屋子里的灯光，可是又不愿意去打扰他。

有一天早晨，姚群起床后推开那间小屋，只见邓建军趴在桌子上睡着了，身上披着的衣服，早已落在了地上。在他的头下，枕着一本厚厚的书。

姚群轻轻地叫醒他。

邓建军睁开矇眬的睡眼，看着姚群，再看看自己掉在地上的衣服，不好意思地笑了笑。

由于经常熬夜，邓建军的两眼出现红肿，姚群曾多次劝他，他都不听，没有办法，她只好请来邓建军的同窗好友，一同来劝邓建军。

邓建军对那位好友说："你知道的，我这人没多大能耐，就是喜欢研究一些电气、机械方面的问题，喜欢做别人认为难做的技术上的事情，你们看我整天忙忙碌碌，熬更守夜，很苦，但我却乐在其中，只要研究出了一项成果，心里高兴得很。"

科研的过程有苦也有乐，遇到难题的时候，苦思冥想解决了问题，又会无比的快乐。邓建军苦在其中也乐在其中。

他告诉好友说："碰到一个什么难题的时候，晚上睡不着觉的时候，可能是挺苦的，但是在成功的时候，我觉得还是很快乐的。"

其实，解决牛仔布缩水并不是一个难事，黑牡丹集团在此之前就自己制造过一台缩水机，用来为生产的牛仔布缩水。这道世界性难题的关键在缩水率的稳定上，所谓稳定，就是出厂时的牛仔布，在经过提前缩水后，必须长期保持这个比例，而不能因为外部某种原因而改变。

这个缩水率稳定控制的比例就是国际上所规定的3%以内——这才是这

道世界性难题的关键。

在困难面前，邓建军没有害怕，没有退缩。

看着丈夫成天冥思苦想，食不甘味，姚群的心中不禁为他担心起来，如此"熬"下去，那"灯"里的"油"还不熬干了呀！

这时，邓建军总是憨厚地一笑，将此作为安慰妻子的最好方式。

这一天下班之后，邓建军买了一口袋的水果回到家里，这是他难得做的一件事情。

看到水果，姚群心里格外高兴，在多年共同生活中，她已经完全了解了自己的丈夫，如果在搞科研的时候，或者是碰到难题，他就会吃饭不香，睡不着觉。一旦解决了那个问题，他就会买一点水果回来，或者是做点好菜。从他频繁地买水果回来，就可以看出他那阶段搞科研搞得特别顺利。果然，邓建军在吃饭的时候高兴地告诉她，对于牛仔布缩水的问题，又有了新的进展，只要再一鼓作气，肯定能攻下这个堡垒。

可是，当妻子告诉他自己的遭遇时，邓建军惊得一下子睁大了眼睛。原来当天上午，姚群想到妇产医院去检查一下，本来想让邓建军陪同去的，一看他那么专心地埋头在研究中，又不想再打扰他。

于是她自己挺着个大肚子，独自乘公交车去医院。

由于车上的人比较拥挤，好不容易有一个青年人让座，她便坐了下来。

下车后到医院门诊挂号时，一摸身上的钱包，不知何时竟不翼而飞了。

姚群不由出了一身冷汗，在身上反复地找了几遍，仍然没有找到。

钱包不知是在车上失落了还是被人偷去了，她自己也说不清。一个孕妇在公交车上独自挤上挤下，那多不容易呀！

因为身上没有钱，就无法在医院进行检查，她只好独自回家。

听到这里，作为丈夫，邓建军还能说什么呢？他感到内疚，感到对不起妻子，他咬着厚厚的嘴唇，镜片后面的眼睛里，已饱含着莹莹的泪花……

邓建军到哪里去了呢

★★★★★

邓建军手中拿着一块牛仔布，翻来覆去地看着，仿佛要从那密密的经纬中，看出背后的万千秘密。

可是，这样的秘密全世界的纺织专家们研究了近百年，都还未能全部解开，染整一直都是中国纺织工业中的薄弱环节，缩水率不够稳定，一直都困扰着一心想要打入国际市场的黑牡丹集团。邓建军清楚地知道，摆在自己面前的是一道多么复杂的难关，为向这项世界尖端科学挑战，他早已作好了吃苦的准备。

邓建军同许多人一样爱穿牛仔服，除了喜欢张扬粗犷的时尚，更因牛仔服那坚韧、耐磨的独特魅力。邓建军将"牛仔"的风格演绎成一种中国人的坚韧和顽强，一种对理想的不懈追求。

为了不影响正常工作，邓建军就利用节假日和工人休息的时候做实验。棉纺织厂的生产原料是棉花，生产车间空气里的棉絮直往人的鼻子里钻，呛得人直咳嗽，机器滚筒的温度高达摄氏 100 多度，在旁边站一会儿就会出汗，而邓建军一头扎进去一干就是一年多时间。

白天连着黑夜，邓建军和科研组的工友们一道奋力攻关，所有的人眼睛都熬红了，人都瘦下来了，可是试验仍然一次又一次地失败。

从事电气自动化维修的邓建军，现在又要开始学习化学、染色等全新的学科，在一边学习一边探索中，他向着新的技术高峰一步一步地接近。

正当他与同伴们满怀信心准备进行新的试验时，突然接到老家的亲戚打来的电话，告诉他父亲出门时由于不慎，腿跌伤了，家里母亲年迈，无人照顾，希望他能回家看一看。

邓建军怎么也没有想到，在这个节骨眼上老父亲会给他出这么一道"难题"。

说起年老的父亲，邓建军心里就是一阵内疚。小时候在乡下，为了一家人的生活，老人家起早贪黑地在地里忙碌，可是得到的却是几分钱一个的工分，无法养活一家老小。为了生计，父亲只好离乡背井地外出打工，靠自己下力气换来的血汗钱养家糊口。

邓建军出生的那一年，正好叔叔参军，父亲抱着他去送行，在那条乡村小路上，给他取了这个名字。建军靠的是什么呢？那得靠强大的国力，靠国家经济的发展和繁荣昌盛。在他上中专的那一年，父亲仍然将他送到这条小路上，一再地叮嘱："学习电气这个专业好啊，将来到什么地方都用得着，还能为自己家里修电灯哩！以后电器越来越多，没有正式工作，可以开个电器修理铺，总能有碗饭吃。"

做父亲的没想到，儿子现在的技术，连老外都叹服。

父亲的话，邓建军一直都记在心里，在轻工学校的时候，整天都是埋头读书，老师们都说，他做的实验最认真，写的实验报告最细致，一心盼着将来能做一个好电工。现在他离开家乡在常州工作，虽然常州离金坛老家不算太远，但由于工作的原因自己很少回家去看望二位老人，老人在家的生活过得是多么艰难可想而知。现在父亲受伤了，回家去看看也是一个儿子应尽的责任。

父亲是家里的山，儿时的邓建军靠着这座山成长起来，要是这座山倒了，那可怎么办呢？

可是，他的目光不觉又停在了那些令他头痛的技术难关上，桌子上那一张一张的草图，将他的心搅得很乱。

谁没有父母，谁没有亲人，哪一个儿女不爱自己的父母，哪一个儿女不想自己的亲人，更何况此时他们正是需要自己帮助的时候。

他站了起来，推开窗子，车间隆隆的机器声传了进来。

邓建军心里不觉一震。

他觉得有无数双眼睛正在注视着他，在这些关注的目光里，还有自己父母的目光，他们也在注视着自己，虽然不一定懂得他正在从事的研究有多么重大的意义，但他们一定希望自己的儿子能有出息，能为国争光，能在世界科技的道路上，为中国人闯出一条路来。

邓建军狠狠地咬着嘴唇，转过身去拿起了电话。

他将电话打给了妻子的妹妹，托他到老家去看一看父亲，并一再关照，如果伤得严重的话，就赶快送到县里的医院去治疗。

上百次的试验，上百次的失败，上百次的顽强努力，在邓建军与科研组全体工友的共同奋战下，终于找到了稳定控制缩水的关键。

调试开始了。

△ 邓建军和科研组成员在讨论技术问题

这是一个很复杂的过程，也很麻烦。邓建军一天要干十几个小时，连续好多天在试验现场，出来的时候浑身都臭烘烘的，鼻子里都是蓝色的棉絮。

失败，改进，再失败，再改进，一年多时间，上百次实验，功夫不负有心人，一个纺织行业的世界难题终于被邓建军攻克了。

在这个过程中，邓建军发挥了他在电子技术上的优势，利用电脑进行后整理稳定控制阶段的统一控制，一举突破常年困扰企业的重大难关，使黑牡丹集团生产的牛仔布的预缩精度，牢牢地控制在 2.5% 的范围，明显地优于国际上 3% 的标准。

由于邓建军不懈的奋斗，中国人首次突破了困扰国际牛仔布纺织行业百年的障碍，令世界各国对中国同行刮目相看。

邓建军以他的非凡壮举，终于征服了世界纺织染整行业的同行。

公司副总经理梅基清高兴地说："这一项目的成功是我们牛仔布行业的一个成功的创举。"

王盘大更是兴奋不已，他对外商自豪地说："稳定预缩率的意义并不在于缩小了预缩的尺寸，而在于'黑牡丹'掌握了这一处于世界纺织业领先地位的核心技术。"

从此，曾经被投诉和索赔困扰着的黑牡丹集团，一下子成了国际牛仔布市场上技压群芳的骄子，成为畅销美国的世界三大牛仔服装面料商之一。

在人们欢庆胜利的喜悦声中，有人突然发现邓建军不见了。

邓建军到哪里去了呢？

此时，他悄悄地离开试验场，回到了自己家里，立刻给金坛老家打电话，了解父亲的伤情。当得知伤势已恶化时，马上告诉亲戚自己现在有时间了，让他们将父亲送到常州来治疗。

老父亲被送来了，邓建军四处托人把父亲送到最好的医院。

可是一切都来不及了，由于伤后未能及时治疗，老人最后留下了残疾。

当看见父亲拄着棍子一拐一拐地走路时，邓建军的心里总有一种说不出的内疚……

神奇的"中国功夫"

邓建军认为这只是"小儿科"

★★★★★

一天，黑牡丹集团来了几个日本 Z 公司的代表，他们说有业务上的事情要找公司洽谈。

谈完业务以后，这些日本 Z 公司的代表要想进一步了解黑牡丹集团的实际生产能力，于是便提出要到车间里去参观。

日本代表走进车间，发现所有的地方都很干净，机器大都是当今世界最先进的，生产的牛仔布从染色到缩水等各个环节都具备了世界领先水平，这是他们所没有想到的。

忽然，这些日本人停下了脚步。

原来他们发现了从日本 Z 公司进口的络筒机，一台台被擦得锃亮，在工人们的操纵下，正隆隆地转动着。

看着自己国家生产的纺织机械，在中国的企业里运转得如此正常，日本人十分高兴，就向陪同的人员问道："你们这些机器运转几年了？"

陪同的人答道："6 年吧。"

这些日本代表大都是纺织方面的行家，听后大吃一惊，他们摇摇头问道："真的有 6 年？"

陪同的人笑道："这都有记录的，还能有假！"

日本人立刻竖起了大拇指："这真是了不起。按照原有技术设计，这种机械一般的正常运行时限仅为5年。在我们日本，要达到这个标准也不容易，而你们却使用6年了，运转还这么理想，这简直就是一个奇迹。"

陪同的人立刻将邓建军叫来，邓建军向日本代表介绍了这些络筒机的维护和保养情况。

日本代表深感意外，如此精心的护养，在世界上也是少有的。一位代表禁不住直呼："邓先生，这真是了不起的'中国功夫'！"

这种引为自豪的"中国功夫"，便是一种民族精神。

邓建军笑了，笑得特别开心。为表达敬意，这些日本代表特别向公司赠送了价值数万元的络筒机零部件。

从不屑到赞叹，从尊重到折服，洋专家态度的巨大变化，让邓建军感受到了中国工人的尊严。

经过17年摸爬滚打，邓建军靠着自己刻苦钻研的精神，练就了一身绝好的"中国功夫"，不管是国产的纺织机械，还是进口的相关设备，他都有一双火眼金睛，能够及时排除出现的各种故障，确保黑牡丹集团的安全生产。

老总们对外来采访的记者们不无自豪地说："有邓建军在，我们就放心了。"

2004年8月的一天，纺部第三台清钢联的SC155处理机发生故障，造成整条生产线停产。这不但严重影响到纺部的纱线产量，同时也直接影响到下一步的工序无法进行。雕庄纺部的12台气纺机一下子停了3台。

现场的维修工急忙进行修理。

可是，面对如此复杂的停机事故，维修工却有些不知所措，不知从何着手。

这样忙了一个多小时，人是急得团团转，可就是不能使机器转动起来。

这时人们想到了邓建军，提议让他来帮着看一看。

可是，有人犯疑，邓建军现在那么忙，能有时间来这里帮忙吗？

于是，维修工抱着试试看的想法，给邓建军打了电话。

令他没有想到的是，邓建军在那头显得比他还着急，并答应马上就来。

一会儿，邓建军骑着电瓶车从东厂跑到雕庄的纺部来了。

SC155是一套集成装置，线路比较复杂，传感器种类繁多，一旦出了故障，寻找起来相当困难。

谁知邓建军在旁边站了站，然后用手敲了几下，再伏下身子查看了一下里面的情况，依靠平时的工作积累以及深厚的理论基础和广博的知识面，就断定是其中的金属检测装置工作不稳定，造成了这次事故。

打开机盖一查，果然如邓建军所说。

现在，故障的范围明显缩小了。

但是，面对着里面乱如蛛网的线路，人们一下子又陷入了困惑。

人们将目光又转向邓建军。

邓建军也是一个普通人，面对着这么多线路，一时也无法说出毛病出在哪一条。

他按照工作惯例，开始着手检查线路板。

一般人检查线路板，都是得从头到尾查个遍，才能查出各处的大概流程，可邓建军却不同，他根据一般的规律，认为小信号部位出问题的概率一般较低，就动手先查容易出故障的大功率部分，发现一只宽频功率放大器温度出现异常，再一测这里的温度，竟达到了近摄氏80度。

邓建军一阵兴奋，因为根据他多年的实践经验，一般情况下这里工作的宽频功率放大器不会高于这个温度。于是就顺着这条线查下去。

维修工们看着那些如同乱麻一样的线路，就仿佛进入了一座电子迷宫，他们看着邓建军熟练地操作，不由心中暗暗佩服。

邓建军爬上设备顶部，小心断开了负载，在确定无误后再送电，这时才发现这个器件的温度较正常，于是初步判定此负载有问题。

接着，邓建军遇到了棘手的事情。

原来，这个负载只是一个金属封装的检测头，当他想要打开检查时，却发现在进口这台机器的时候，外国技工在安装好之后，就将此探头完全封死了，不让使用这台机器的中国人轻易地打开。

这是整台机器的重心，也是引起这次故障的主要原因。

那个被外国技工用东西紧紧封闭了的核心部分，就如同一只神奇的迷宫，吸引着在场的所有中国人。

能不能解开这里面的谜呢？

无数双目光都转向邓建军，人们不得不为他担心。

这么多年与洋设备打交道，邓建军已积累了丰富的经验和知识，他大胆地对其实行了"开膛"。

打开之后，人们发现老外在里面装了一块神奇的线路板，而这块线路板与别的线路板的结构又不一样，人们不由为邓建军捏了一把汗。

其实，邓建军过去早已接触过这种电路板，经过进一步查找，终于发现老外安装的时候，没有注意质量，用了一只不合格的谐振电容器，由于用的时间较长（但未达到外商所说的时间），在不断的机器振动中，这只不合格的电容器失去了效应。

邓建军让人立刻买来一只电容器，更换下原来那一只。

电源打开，一切都恢复了正常。

邓建军抬头看看墙上的挂钟，此时已是晚上11点多了，也就是说，他已经在现场工作了十多个小时。

邓建军看着机器正常地转动起来，这才拖着疲倦的身子下班回家。

身边的工友这样评价邓建军：他似乎有无穷无尽的创造力，随时随地能迸发出智慧的火花。

邓建军的目光总是盯在世界最先进的纺织机械的改造、维护和解剖其核心技术上。在这个时候，邓建军总是将他的"中国功夫"发挥到极致。

1997年，德国进口的气流纺纱机的中枢系统——专用变频器烧坏，急需更换。

可是，这种变频器高昂的价格却让邓建军吃惊，一个就价值9万块，这要工人们在车间里流多少汗水才能换来呀！

邓建军认为这样的价格太贵，就是那么大的一块金子，也要不了这么多钱呀，这不是有意来敲中国人的竹杠吗？

再打电话联系。

得到的回答更让人吃惊，就是这样的价钱，人家回答说也没有现货供应，如果要，那先交钱，还得等到两个月以后交货。

怎么办？随着企业的快速发展，公司90%的先进设备都是从国外进口的，也都是靠电脑控制。这一方面带来了自动化程度高、劳动用工少，但另一方面也给维修带来了困难。当设备过了保修期后，如请外方人员来修，价格是每小时60欧元，且从对方在国外上飞机起计时。这样的维修成本谁也吃不消。咬咬牙购买吧，到货周期较长，这种联合机组类的进口设备，停机时间过长，给公司的生产经营带来的经济损失是难以估算的。

但是事实却摆在面前，你吃得消也罢，吃不消也罢，不将大把大把的钞票摆在面前，老外是不会来帮你修理的。要不你们就自己试试看，这科学的东西就那么容易吗？

如何解决线路板的维修问题和器件的替代，成了维修进口设备的关键。

邓建军的"中国功夫"能够制服这匹来自欧洲的烈马吗？

➡ 与世界先进技术进行"对话"

★★★★★

纺布车间的陈志强由衷地佩服邓建军。

一次，一台进口的并条机变频器出了故障，陈志强认为应该更换，但一台变频器6万多元，他不敢轻下结论，于是请邓建军来拿主意。邓建军赶来后很快提出两种方案：更换变频器零部件或者换国产的变频器。

这话说起来容易，可真要做起来却困难重重。因为没有厂家提供的核心技术资料，除了依靠进口之外，别无他法。如要更换国产的，一切都得靠自己摸索，那得等到什么时候？

邓建军说："你别急，让我再想想办法。"

一个星期之后，邓建军硬是自己摸索出了所需要的技术参数和实施方案，装上国产变频器的并条机运转正常。

看着机器隆隆地转动起来，陈志强高兴地说："邓工在面对复杂问题时基本都能找到努力的方向，提出可行的方案，所以有他参与的攻关我们心里都很踏实。"

这次邓建军所面对的德国进口变频器，光是价钱上就远远超过以往的变频器，在科技含量方面，也早已远远地超过了前面的一切同类产品，许多内容都是邓建军从未接触过的。

世界科学技术发展真是日新月异，又一个陌生的世界展现在邓建军的面前。

邓建军为此感到兴奋，因为他又可以与世界先进技术进行"对话"了。但是他也感到困难，因为他必须重新学习许多新的东西，才能使他的"中国功夫"具有更大的神力，才能征服眼前的这匹欧洲新培育出来的烈马。

谁知这时，他家里的那匹"烈马"却开始发作了——由于初为父母，他和妻子姚群对于孩子的养育没有经验，加之工作太忙，关照太少，那个来到人世间不久的儿子，经常生病，被他们夫妻俩称为"老病号"，一病就要跑医院。

不用多说，这样的事情大都是由妻子来完成。

这天邓建军回到家里，见妻子满头大汗地抱着孩子回来，一进门就坐在沙发上。

邓建军关心地问："怎么啦？"

妻子说："哎，又发热了。"

邓建军歉意地说："你看，总让你一个人操心。"

妻子看看他，轻声地问道："你这两天能不能早一点回家，帮我买点菜回来，再给孩子带一袋鲜牛奶，我实在是忙不过来了。"

看着喘着粗气的妻子，邓建军心疼地说：“我这几天安排一下，争取早一点回家来，除了买菜，也可为你多做一点家务活。”

妻子满意地笑了。

可是到了第二天，已经到了下班的时间了，妻子左等右等仍不见他回来。大人都可以等一等，可孩子到时却必须吃东西，不然饿得哇哇哭。

妻子真有些着急了，想想看，一个家庭里没有个男人帮着干活，一个女人又要带孩子，又要上班，那有多忙碌呀！

这时，邓建军提着皮包，急匆匆地进来了。

妻子问道：“你买的菜和鲜牛奶呢？”

邓建军这时才想起来，用手不停地拍着脑门说：“今天一下午都在忙着用电脑透视变频器的线路，我突然抬头一看，大家都下班了，怕你着急，就忙着往家赶，嘿，怎么竟把你交代的事情给忘记了呢！”

妻子冲着他，无可奈何地摇摇头说：“现在你和电脑在一起的时间比和我在一起的时间多得多。”

邓建军的家庭是幸福的，他们在忙碌中感受着生活，在相互的牵挂和惦念中感受着亲情。他们用对祖国的忠诚，默默地承受着生活的重担，一次又一次地用自己的智慧和力量，为中华民族赢得了尊严和荣誉，同时也为社会积累着财富，在成功与奉献中去寻求幸福与荣耀。他们像泥土一样的沉默，同时也像泥土一样坚实地托起共和国的大厦，托起时代的列车，在艰辛的奋斗中，他们吃的是草，挤出来的却是奶。

多少年来，人们竟然忘记了他们的名字。

他们的名字叫中国工人！

中国工人了不起

★★★★★

听说儿子近来因为一件什么事情被弄得茶饭不思，体重下降了五六斤，邓建军的母亲蒋菊英急了，就从乡下赶进城里来看儿子。

到了城里，只有儿媳妇和孙子接待她。要想与儿子见面，每天都得等到天黑以后。

有一次，老人实在有点闷不住了，就问邓建军："你们怎么连星期天都没有？"

邓建军对母亲说："不是没有星期天，而是我太忙，不能休息。"

老人觉得更奇怪，农民种地到了晚上还休息呢，你怎么回家了还要加班。

邓建军怎么告诉老人呢？他只好说，自己在厂里的工作没有做完，只得回来做了。

说起儿子，蒋菊英就有说不完的话："军儿从小就不让人操心的，他13岁就离家到县城里去读书，为了省钱，来回都是步行。他父亲在乡下当电工，有时候带一些东西回来修，他就经常趴在旁边看，小眼睛直转直转的。有一次家里治虫的喷雾器坏了，他就拆开来修，最后还真给修好了。现在他工作忙，春节回来就只待两天，母子俩没说上几句话，他却又要走了。"

有人说邓建军上了电视，老人就整天守着家里的电视找，可是由于乡村中不通闭路线，怎么都看不到。

到了城里以后，儿子媳妇每天忙着上班下班，很少有时间来陪她，老人有些住不惯，就要回乡下去。

临走的时候，老人还是有些不放心，就对儿子说："你上班时一定要好好干，把领导交给的工作完成，怎么能总拖到回家来完成呢? 你过去可不是这样的呀!"

邓建军怎么向老人解释呢? 说自己正在探索对德国进口的最新变频器的改造工作，要依靠我们中国人自己的力量，来解决目前因这种变频器给企业所带来的困难，说这些，老人一定是听不懂的。

为了让母亲放心，邓建军点点头，答应"在上班时一定完成工作任务"。

老人知道儿子是听话的，放心地回乡下去了。

可是,这任务却不是那么好完成的，邓建军这时却仍然处在崎岖的山路上，每向前一步都十分艰难。

学习别人先进的东西，结合中国的国情不断改造创新，创造中国人自己的核心技术。这是邓建军的一个奋斗目标。他认为，自己在技术创新的过程中所遇到的各种挫折都是弯路，但挑战困难也是人生一大乐事。

邓建军就是这样，将自己个人的幸福，融入了整个民族工业发展的艰难历程。

每当遇到困难的时候，邓建军总是会想到自己刚刚入厂工作的日子，想起黑牡丹公司第一次引进国外纺纱设备时，外籍技工来厂安装调试，当邓建军遇到问题,向老外索要操作手册，对方竟不屑一顾的情景。洋技工轻蔑的眼神深深刺痛了年轻的邓建军，每当想起这些，这位平时沉默的年轻人，常常有一种想要登高呐喊的冲动。

这是一种发自内心的冲动，一种不甘落后的民族精神。

走出校门的邓建军，这才深深地理解了读书时在课堂上从老师那里所听到的"一个国家经济落后就要挨打"的道理。

国家尚且如此，作为个人呢? 一名工人技能落后同样没人瞧得起。

从此,邓建军憋足了一股劲，特别注意跟踪国际纺织机械的最新技术,从中获取各种技术信息，一定要为中国的技工争口气，赶超世界先进技术。

一开始，邓建军也曾对自己的能力怀疑过，自己毕竟只有中专文化，对许多国际先进技术完全是陌生的。可是几年拼搏下来,他凭着一股不服输的精神，硬是练就了一身"中国功夫"，拿下了许多国际纺织行业的尖端技术。

邓建军常说："我想对于一个普通人来讲，只要你多一个心眼，多花工夫，那什么事情都能够办成，关键是你是不是去努力。你的知识的积累，你的经验的积累到一定的程度的话，什么事情我想都会迎刃而解的。"

随着经济的全球化，科学技术也日益国际化，因此邓建军并不只是一个人或者在一个科研组里进行研究，他将自己的视野早已扩大到了国际相关的技术领域。为了解决变频器的改造，选择比较适合企业同时又相对经济的变频器，他经常上网查阅需要的资料或者发电子邮件，跟国外的同行进行交流，向他们请教一些关于引进设备的技术上的问题。

邓建军是一个务实的人，他常说："我想路在自己脚下，不应该有太多的抱怨，更应该做的是怎样通过自己的努力为自己的国家多出一份力，空谈没有什么意义，关键在于自己的行动。"

邓建军和科研小组成员认真研究原理图，反复计算测试数据，重新确定参数和模拟调试，大胆采用类似的国产变频器更换。

由于事先做了大量的准备工作，从安装到调试，仅花两天半时间，机器就正常运转起来了。

消息很快传到了大洋彼岸的德国。

中国人自己解决了这项技术难题，中国不再要他们生产的变频器了！

生产这种变频器的德国公司对此表示怀疑，因为到目前为止，在世界范围内，还没有哪一个国家的公司提出过这样的挑战。

他们立即派人前来考察。

当这些高傲的日耳曼人走进黑牡丹集团的车间里，用带着挑剔的目光对其进行了全面的检查之后，不得不承认眼前的事实。当他们得知这项技术竟然是依靠几名中国工人完成的时候，不由得竖起了大拇指："我们终于见到了真正的'中国功夫'，中国工人了不起！"

从不屑到赞叹，从尊重到折服，洋专家态度的巨大变化，让邓建军感受到了中国工人的尊严。

挑战本身就是一种力量

⊕ 邓建军有这个能力吗

★★★★☆

在加速纺织技术现代化的过程中，黑牡丹集团在全国率先从国外进口先进设备，将世界上最先进的纺织技术引进企业，在国内外的市场争夺战中，打了一个又一个漂亮仗。

可是，在这一些引以为荣的效益背后，却有着一道无形的阴影时刻都笼罩着企业，那就是在90%的进口设备中，随时都有一把看不见的杀手锏悬在头顶。这些洋设备一旦出现事故，维修起来相当困难。由于中国过去的技工大都只是以机械维修为主，对于国际上先进的电子装置十分陌生，看着停转的机器，有时简直就是老虎看天——无从下口。让老外来修吧，远隔千山万水，远水解不了近渴，有时真是叫天天不应，叫地地不灵。

现在，那把杀手锏正横空劈来，那台进口的清梳联合机，又莫名其妙地开始"罢工"了。

清梳联合机是一种从清梳棉花开始到纺制棉花生条的联合机械。过去国产的机械性能较差，生产出来的棉花生条不理想，无形中影响了牛仔布的质量。为了提高牛仔布的质量，企业决定从国外进口先进的清梳联合机。这种机械运来之后，基本上由外国技工进行安装，开始生产时效果也很好。

正当人们对这套设备赞不绝口的时候，邓建军却提出了质疑，他发现这套进口设备在生产的时候稳定性能很差，时间一长，必定出现令人意想不到的故障。要是不尽早作准备，一旦出现问题，跨国供货周期长，经济损失严重，企业受到的各种影响难以估量。

有谁对国外的先进设备提出过如此的怀疑呢？没有。

现在，沉浸在这些洋设备所创造的经济效益中的人们，这才如梦初醒。

人们为此着急，坐立不安。

当有人将此情况告诉邓建军时，令人没有想到的是，他倒不着急了，慢慢地收拾着桌子上的东西，然后说我们去看一看。

必须用事实说话，这是邓建军的一贯作风。

邓建军到现场看了以后，只淡淡地说了几个字："我们必须改造它。"

为什么邓建军会说出这样的话呢？因为在这台设备从国外进来时，他根据以往在使用进口设备方面的经验教训，早就开始对这套设备进行研究了。

随着企业的发展，黑牡丹引进了越来越多的进口设备，邓建军不断消化吸收各种新技术，并进行了多项改造创新。

"企业有今天，离不开邓建军的科技创新，他是行业技术革新的领跑者。"曹德法评价说。创新是企业不断进步的不竭动力。这个十几年前名不见经传的弄堂小厂，靠高科技含量技压群芳，已一跃成为资产十几个亿的全国牛仔布行业领头羊，全国 520 家重点企业和科技部认定的 131 家重点高新技术企业之一。当今世界纺织行业公认的可用于色织行业的 18 项最新技术，黑牡丹公司已成功运用 15 项，同时牛仔布产量在世界上位居前三位，多项新产品成功打入欧美市场。

在此之前的几年里，邓建军不但从书本到实践都在不停地研究这套清梳联合机，同时还虚心地向国外的先进技术学习，了解这套设备的性能，了解它的长处与短处，并通过电子邮件与外国专家联系。

邓建军就是这样的一个人，他既尊重外国的先进技术，利用一切机会向外国专家学习请教。但又从不迷信，很注意从中国企业的实际出发，对这些先进的设备进行结合改造，使其日臻完美。

在这种改造和创新中，他一次又一次地创造了世界性的奇迹。

可是，这次他面对的却不是一般的设备，而是世界一流的德国某著名公司的产品，该公司生产的梳棉机，在全球的纺织业早已树起了一面旗帜，具有出条速度快、定量变化小的特点，被称为这方面"完美无缺"的品牌形象。

对这样一家在全球都极负盛名的企业产品要动手术，邓建军有这个水平和能力吗？

工友们都不得不为他捏了一把汗。

⊙→ 牛气十足的外国公司

☆☆☆☆☆

在电脑上画了大半夜的模拟图纸，邓建军觉得有些累了，便和衣躺下。

迷迷糊糊中，他听见床头上的电话响了。

电话是正在车间里上夜班的值班长打来的，这位值班长在电话里心急火燎地告诉他，车间里的球经染色机开不动了。找人修了两个多小时，还是没有修好，知道你在全力改造清梳联合机，很辛苦，但是实在没有办法，只好请你来帮忙修一下。

邓建军立刻披衣起床，推开窗子一看，外面下起了大雨。此是正是初冬，带着寒意的风将窗外的树木吹得瑟瑟颤抖。明天一早，实验还有新的项目要执行，要赶快趁现在夜晚的时候将球经染色机修理好，免得天亮以后耽误对清梳联合机改造的设计。

想到这里，邓建军穿上雨披，骑上电瓶车，就朝车间跑去。

这球经染色机同样是进口的新机器，大家对它的性能都了解得不够。邓建军跑去后凭着过去对进口电器的经验，一下子就查出了毛病，立刻动手修理。

损坏的电器很快就修好了。

可是邓建军并没有急着回家，他叫来挡车工，细致地讲述操作使用按钮及注意事项，直到讲清楚了所有技术问题，才离开现场。

回到家里，天已快亮了。邓建军没有叫醒妻子和孩子，自己胡乱地吃了几口冷饭，提着电脑，急匆匆地朝清梳联合机的改造现场跑去。

中国正处在一个史无前例的改革开放时代，整个社会正在发生着巨大的变化。这种变化的深刻性长远地影响着民族的未来，农业社会逐步向工业社会过渡，传统工业逐步向现代工业转变，经济上的闭关自守逐步走向全球经济一体化。工业化、城市化和经济国际化推动着中国社会的转型，引发着社会各个领域的变革，催生着人们在理论、观念、价值乃至生活方式上的转变和创新。

在这个伟大的历史进程中，产业工人队伍日益壮大，知识化趋向日益明显，随着现代工业而伴生的素质现代化的要求日益强烈。工人阶级在改造客观世界中改造着自身的主观世界，在推进工业化、城市化和经济国际化的大潮中构造着自身的现代素质。越来越多的职工群众已经意识到，国际化需要世界眼光，城市化需要文明素养，工业化需要科学知识。

邓建军正是认识到了新时期一名中国工人应该肩负的重任，认识到了作为传统的中国工人应该如何适应时代，适应世界科技进步的潮流，不断地调整和充实自己，以实现新时代中国工人素质上的飞跃。因此，虽然创造了那么多令人惊叹的奇迹，但邓建军一直都显得很平静。有记者曾问他，为什么能如此工作? 他说：“我只是想干好本职工作，为中国工人兄弟争口气。”

平平常常的一句话里，饱含着多少时代的内涵!

曹德法一谈起邓建军就激动不已，他说：“没有邓建军示范带动的科研团队，企业可能就没有今天! ”

有人说德国某著名公司的产品是世界一流，是不能随意变更的。邓建军

挑战本身就是一种力量

却不信这个邪，他认为世界上一切事物都是在发展中，特别是当今世界，科技进步日新月异，你今天先进，并不代表你明天仍然先进；你今天落后，并不代表你明天仍然落后，这就要看谁的脚步跑得快，在国际科技领域里，后来居上的先例多得很。

落后并不可怕，可怕的是自己丧失了奋起直追的勇气。

就在邓建军提出对德国某著名的清梳联合机进行改造之前半个月，由于这家公司进口的纺织机器出现故障，邓建军检查后发现设计中存在着一定的不足，必须要对方来进行处理，于是就给这家世界著名的纺织设备提供商——德国某著名公司发去了一封电子邮件，反映了设备使用中遇到的问题，对方看后大惊，回电邮说他们生产的东西不可能出现这样的问题。

牛气十足的外国公司根本不想理睬。

邓建军急了，他再发电子邮件，指出问题存在的具体部位的具体零部件。

对方根据邓建军指出的地方一检查，才发现邓建军说的完全正确，很快派人到黑牡丹公司了解情况。

公司派来的是一名高级技师，他同售后服务公司总监一同来到常州黑牡丹公司后，见与他们进行技术交流的竟然是一名普通的电气维修工，个子比他要矮半个脑袋，感到有些吃惊，就问邓建军的学历。

邓建军这个外表憨厚、未曾开口先笑的年轻人冲着老外一笑，毫不掩饰地回答说："中专生，毕业于常州本地的轻工学校。"

德国技师惊得张大了嘴巴，半天没有说出话来。

可是，当谈起技术上的事情时，这位年轻的中国技工一语中的，顿时使老外刮目相看。这台机器的问题是关于"光栅"的，当有人进入这个区域的时候，"光栅"自动进入安全保护状态，机器停止工作。

在陪同过程中，邓建军抓住机会，不断地向对方提出问题求教，同时还与外方专家展开了热烈的交流，整个气氛热烈而融洽。

知识不但提升了中国工人的素质，同时也提升着中国技工在国际同行中的地位。

设备检查完毕，邓建军提出的问题全部为对方接受。

在这位高个子的德国技师面前，邓建军觉得自己并不比他矮。

德国某著名公司售后服务经常在公司陪同的负责人面前称赞邓建军说：他很称职，是一位优秀的电气技师，他善于质疑（最先进的设备），有能力很好地保养和维护生产线。

今天，致力于产业升级的中国经济，正以前所未有的渴求与热情，呼唤并期待着像邓建军一样有着真才实学，同时又乐于奉献的中国自己的高级技工的出现。当年笃信要当一名"顶呱呱的好工人"的邓建军，用自己的成长经历，作出了一个响亮的回答——当一名有技术的好工人，值！

经过不断的努力，现在邓建军已完全掌握了德国这家公

△ 邓建军与外国专家交谈

司清梳联合机的性能及其构造，于是大胆地提出了利用国产的交流变频器来取代进口的直流变频器的设想。

经过科研组反复试验，邓建军的攻关改造终于获得了成功。

这项技术的成功，不仅大大降低了企业的维修成本，同时设备运行更加稳定可靠，更重要的是中国的纺织行业，率先打破了多年以来国际同行的迷信，向国际先进技术的纺织机械公司提出了技术上的挑战。

这种挑战本身就是一种尊严，一种力量。

当国内一家权威杂志向中国纺织行业推出这一最新科技成果时，黑牡丹集团采用这一系列技术的清梳联合机，已安全高效地运行两年多了。

曹德法不无得意地说："什么叫领先，这就叫领先！"

然而，还有更实际的话曹德法没有说，那就是这种技术领先给企业带来了滚滚财源！

进军新的领域

★ ★ ★ ★ ★

从邓建军身上，人们看到了知识的力量。

1998 年 5 月，纺布车间的抓棉机突然出现事故。

原来喧腾的车间，一下子静了下来，这寂静的声音压得人们的心都沉甸甸的。

当班的电工和机械维修工立刻赶来。

他们围着这台机器，用传统的方法寻找毛病，整整四个小时过去了，可是找去找来都没有发现问题。

没有发现事故的原因，但机器却不能正常转动，检修一下子陷入了困境。

在现代化的大生产中，企业的生产都是一条流水线，只要一个地方出现麻烦，就会出现牵一发而动全身的现象，直接地影响到下一道工序。

后一道工序不断地打电话来催促，已经开始脱产了。

原来，这是一台从德国进口的抓棉机。现在国外先进的纺织机械，都实现了机电一体化，机械部分的比例越来越小，电气部分特别是微电方面的比例越来越大，利用中国传统的维修方法不能解决里面复杂的电路问题。

偌大的一个车间为此将出现停产的现象，造成的损失非同小可！

由于情况紧急，车间立刻采取紧急措施，一方面立刻与德国专家联系，另一方面迅速通知邓建军，看他是不是有更好的办法。

邓建军正在别的车间维修设备，接到电话后立即赶往现场。

他立刻爬上抓棉机，在几名维修工的配合下，对机器的各个部位进行检查。

凡是了解纺织行业的人都知道，抓棉车间的粉尘是最大的。由于是旧式厂房，里面空气流通较差，时间一长，里面的人就会头晕，这时就必须跑到外面去透一会儿空气，再回来接着干活。

为了抢时间，邓建军连这点也省了，埋头在机器上下忙碌。

有人见他满头都是汗水，就劝他到外面去透透气。

邓建军也不说话，只是摇摇头，又埋头干起来。

最后，邓建军确定，是电器出了故障。

可是，到底又是电器的哪一个部分出了故障呢？

一直干到晚上 10 点钟，邓建军也没有找出具体的部位来。

一套洋设备，难住了一群中国人。

人们只好将希望寄托在德国专家的回电上。

但是，邓建军不服这口气，回到家里之后，他一头钻进了自己的小屋里，将一大堆相关的书籍翻开，在里面寻找答案。

第二天一早，邓建军早早来到现场，根据昨晚找到的答案，对抓棉机的电器进行了重新的检查，结果一下子查到了出现故障的根源。

还在等着德国专家回电的人们发现，仅仅一夜之间，邓建军不知从何处借来了神力，已经将事故处理完了。

两天后德国专家才回电。当他得知已由一个名叫邓建军的中国技工解决了问题时，不由感叹地称赞："神手，真是一只中国的神手！"

现在邓建军手头还有一项与企业命运相连的技术攻关没有结束，他必须抓紧时间尽快完成。

他正在进行的这项任务是什么呢？

这项任务直接牵涉到企业的产品质量，充满着神话般的情节。

1999 年前后，企业不断收到投诉，说是由他们生产的牛仔布面料拉斜尺寸，在做成服装后出现线条不齐、服装扭曲变形的现象。试想一下，代表一个国家产品出口国外的牛仔布面料，做成的裤子裤线无法对齐，裤面出现拉斜尺寸不稳定的现象，裤管出现扭斜，这样的布料生产出来的裤子谁还会买？

质量就是信誉，老总们找到成品车间主任姚文浩，限他迅速改进。

姚文浩是企业的老职工了，出了这样的质量事故，给企业造成信誉危机，自己感到脸上无光。可是多年以来不光是黑牡丹集团，全国的纺织行业都没有想出更好的办法，因为这项技术的改进牵涉到多方面的知识，并非一件容易事。

多年与纺织打交道的姚文浩，面对着这种情况也觉得确实没有更好的办法。

在传统的纺织业中，调整布料拉斜尺寸没有任何的机械代替，全靠值车工的手头感应，这样一来，由于各人的经验不一样，对于纺织技术的掌握不一样，文化水平以及社会经历不同，特别是工作时的情绪与态度等各种因素，对于布料的手感也就不同。正因为这样，生产出来的布料就会出现不同程度的质量差别，产品就失去了应有的稳定性。

因此，在一些纺织厂里就出现了抢值车工的局面，因为手感这个问题对于一切从事纺织的人来说，都显得太神奇了，成了一种只可意会不可言传的东西。手感好的值车工，在她的手下织出来的布就总是好的，合格率也就高。

实际上值车工算不上技术工，但现在却出现了奇缺的现象，这主要是没有好的有经验的值车工。许多毕业于纺织专业的大学生，到了机器上却当不了一名好的值车工。这成了一个不争的事实。要练出最好的手头功夫，却是一件很不容易的事情。

姚文浩为此感到有些着急，这"手感"的功夫，又不是一日之功！

人们在昔日的轨道上行走着。

没有人想到更新的办法。

可是，邓建军却是一个少有的有心人，他在每天与机器打交道的实践中，在来往于车间和科研小组的过程中，早就发现了这个直接影响到产品质量的问题。

在生产实践中，邓建军发现，厂里有一位名叫赵志英的女工，每月算下来的奖金都比别人要高，觉得有些奇怪。

邓建军于是就对赵志英的生产情况进行观察。他发现同样是一台相同的机器，可赵志英生产出来的布面总比别人的要好，这种布染出来的颜色也比别的色差率要低得多。

在一次帮助赵志英修车的时候，邓建军就有意地问："赵师傅，同样几台机器，同上一个班，你的产量总比别人高，质量总是那么稳定，这是什么原因呢？"

赵志英笑笑，朝邓建军一扬手道："手感呗！"

邓建军听后有些不太相信自己的耳朵，问道："真的是凭手感？"

赵志英说："是呀，我们多年来都是这样操作的。"

工友的技艺令邓建军佩服，也使他陷入沉思：靠手感控制布的质量，毕竟不是长久之计。

他将自己的发现深深地藏在心里，没有告诉任何人。

从此，他就开始不停地思考这件事情，决心要解除困扰中国纺织行业多年的这个老问题，让中国的纺织行业在依靠自己的基础上，实现值车操作的自动化。

当他默默地进行研究时，却被人无意中发现了。

虽然邓建军此前已进行过对许多洋设备的改造，有了一定的名气，但这次却并不是改造，而是要设计出一套可行的方案来，然后依靠现有的力量来制造出这种在世界纺织行业中都少有的机械控制系统。那可不是修修补补的事情，那是要自己创造出一片全新的天地啊！

此时的邓建军仍然只是一名小小的电气维修工，修电气设备的本领人们不再怀疑了，大家都认为他的知识是够用的，可是这综合电气与机械的工艺原理的全新设备，他能行吗？

邓建军不管别人怎么看待自己，埋头开始自己的研究。

人们发现，邓建军桌上的书籍多了起来，除了电气、机械、化工、染整，还有其他许多织造方面的书籍。而姚文浩这时也成了他最好的老师，他不停地向姚文浩请教有关纺织方面的知识，不断地向这位老师提出一些问题，请求帮助解答。

姚文浩惊奇地问："小邓，你想改行不搞维修搞纺织啦？"

邓建军只是朝他笑笑，然后就直奔主题，又提出新的问题向他请教。

一个星期之后，突然石破天惊，姚文浩听到了一个令他振奋的消息：牛仔布拉斜尺寸不稳定的这道难题，被邓建军迎刃而解了！

姚文浩既感到兴奋，又感到不可思议，困扰纺织行业多年的一座大山，就这样轻易地让一个黑牡丹集团的年轻电气维修工轻易地给"搬"走了，就在前几天，这个年轻人不是还在向自己请教吗，怎么一转眼的工夫，多年的梦想在他的手中就这样变成了现实！

一个星期，只有短短的一个星期呀！

在从事纺织行业多年的姚文浩看来，这简直就是在听一部令人心动的神话。

当他来到车间里亲眼看到操作时，才敢相信这完全是事实。

邓建军的新装置并不复杂。他只是在染色机的拉斜滚筒上安装了一个类似地磅的东西，然后再利用电子传感的技术原理，将拉斜区域的张力数字直接地显示出来，在电子屏幕上显示出拉斜区域的张力大小，让从事操作的工人一目了然。

这样一来，自动化操作完全取代了手工操作，将"手感"变成了"电子感应"，现代化程度大大提高。工人在操作时只要一看显示的数字，调整拉斜尺寸心中就有了底，操作起来简便易行，同时也相应地减轻了工人的劳动强度。

几个月后，邓建军带领工友精确绘制出三张技术参数表。

这三张参数表明白易懂，操作工人手一册，即使刚进厂的女工，只要照上面的数字操作，也能轻松地消除色差，控制牛仔布的质量。

从此，黑牡丹集团的牛仔布拉斜尺寸保持了稳定。

面对着邓建军的这项技术成果，公司上下都兴奋不已。当然，在这些人群中，最高兴的还是姚文浩。

姚文浩忍不住四处夸奖邓建军："谁能想到用地磅呀，谁能想到用现代化的数字说话呀，只有小邓肯动这个脑筋，还是咱们的小邓行啊！"

面对成功，只有邓建军知道，布料拉斜尺寸虽然在短短的一个星期就解决了问题，但他平时所付出的努力，对这项技术所进行的思考，却是经历了很长的时间啊! 在这个世界上, 有哪一样成果不是付出心血才能够最后成功的呢? 他的每一次攻关都不轻松, 都需要付出百倍的心血, 每一次成功的后面都是汗水。

→ 为了生存必须学习

★★★★★

令邓建军笑得最开心的一次, 是使用计算机控制系统解决了牛仔布染色工艺中的色差问题。

邓建军从来都是一个有心人。刚刚进厂的时候, 他就发现了当时依靠中国传统染色机染出来的牛仔布, 无论怎么努力, 都不可避免地存在着色差。

当然, 这种色差一般外行人是不容易发现的, 只有纺织行业里的人才能从专业的角度发现这个问题。可是, 如果不解决, 这样的产品在国内还可以"蒙"过一些人卖出去, 但要是打入国际市场, 肯定会给企业带来影响。

果然, 国内几年平静的日子过去之后, 随着企业逐步进入国际市场, 邓建军所担心的事情终于发生了, 由于出口的一批牛仔布出现了色差, 引起外商的投诉, 并要求退货。

在刚刚进入国际市场的时候, 这样的反映可是牵一发而动全身的事情, 因为很可能从此失去这个不易获得的客户, 并通过这个客户, 影响到别的客商。世界已进入了信息时代, 很容易起"连锁反应", 产生"裂变", 使企业从此失去信誉。

迅速扭转牛仔布生产中的色差问题迫在眉睫。

可是, 要改变这种局面却并非易事。

当时中国纺织行业的工人和技术人员，观念都还停留在传统意识上，认为一小点色差，都是正常的事情，制成服装后那也是看不出来的，何必那么严格。再有，要改变这种状况，就必须首先改变现有的机器设备，这得花多少钱呀！

我们可以这样说，当时刚刚从文化大革命的桎梏下解放出来的中国纺织工业，面对着国际市场的风云变幻，简直有些看花了眼睛，不知从何入手。与外界相比，中国当时的纺织工业，只能算是一种小农经济模式的经营方式，这样下去，显然不能适应新形势发展的需要。

邓建军认为，彻底改变牛仔布染整中的色差，是一件迟早的事情。

他不断地观察，不露声色地探索，决心要解决这个困扰中国牛仔布生产的难题。

中国要真正建成全球制造业的强国，就必须要有可靠的技术支撑！为此，他又迷上了牛仔布的织造工艺。

凡是从事科学技术的人都知道，要从一个自己熟悉的领域进入另一个不熟悉的领域，那是非常困难的。许多科学家一生都在一个领域里奋斗，也未必能作出成果来。而邓建军现在要涉足的另一个领域，对他来说是完全陌生的，一切都得从头开始。

过去的牛仔布大都实行的是硫化蓝染色，随着人们环保意识的加强和科学技术的进步，对以化工原料为主的这种染色工艺进行了改造，在世界范围内兴起了靛蓝染色。这种全新的染色法，就是将过去带有化学成分的染色，变成了全部依靠一种天然的靛蓝草本植物染料来进行染色，这种染料从蓝草中提炼而成，无污染，对人体无害，很快就在国际上流行起来。

这种靛蓝染色工艺染出的牛仔布服装还有一个更大的优点，那就是经过水洗之后，在接近裤线的地方，会出现一粒一粒珍珠一样的小点，构成了牛仔布所独有的风格，非常美观，备受青年人的青睐。

可是，这种全新的染色在国际上却有严格的质量标准，那就是美国利惠斯公司规定的"利惠斯标准"，凡是不符合这个标准的牛仔布，通通都被认为是不合格产品。

已经起步进入国际市场的黑牡丹集团，早已从过去单一生产普通牛仔布，变成了全方位地生产世界各地需要的牛仔布面料，这当中包括卡其牛仔布、灯芯绒牛仔布、毛纺牛仔布、印花牛仔布、丝绸牛仔布、化纤牛仔布、纯棉牛仔布、麻棉牛仔布、毛棉混纺牛仔布、竹节牛仔布、水洗牛仔布、天丝棉牛仔布等等不同的品种，几乎涵盖了整个牛仔布领域的所有产品。

可是，这一切产品的核心并不是数量的多少，而是质量的高低，色差成了一道无法跨越的鸿沟。

黑牡丹集团面临着新的挑战。

邓建军观察到传统染色机的染色基本上采用手动检测和控制，稍有偏差就会影响质量。他琢磨，怎样才能加强生产过程中的自动控制，以技术控制产品质量。他忘我地投入到计算机编程中，数百个参数要调试，一到晚上就靠在床上，打开电脑，进入自己的技术世界。那些密密麻麻的数字在他看来都充满灵性，引导他攀向又一个新的技术高度。在这种渐入佳境的研究与探索中，他忘记了时间，经常是一抬头已近凌晨三四点钟。

牛仔布的染色主要是靛蓝染色，纱线条进入染槽后会渐渐地带走颜色，使颜色越来越少，后进入染槽的纱线条着色越来越浅，所以几千万米的纱线条会出现染色不均现象。传统的做法是靠值车工的经验和技术，手动添加颜色和控制温湿度，这不仅容易造成染色过程的不稳定，同时还带来了产品的色差。

邓建军开始钻研新的课题。

此时的邓建军早已成了名人，通过各种媒体的报道，公司上下几乎没有一个人不知道他的名字。这时有人不免为他担心，说你早已有了名气了，不干也没有谁说你，要是干砸了，对你前面的成绩岂不会造成影响吗？

听了这话，邓建军只有苦笑一下。

其实，邓建军并不太习惯当这个名人。

面对这些好心人的劝告，他说的话都是实打实的："我就是一名普通工人，做了自己该做的。记者问我，你为什么要刻苦钻研呢？我说，很简单，为了生存。现在，技术变革的速度那么快，如果不学习，我肯定要被别人顶掉的。我一直有危机感，万一哪一天企业倒闭了，我到哪里寻饭吃？我是搞机器维修的，没有人逼着我学，而是机器逼着我学。"

这样的话朴实得就像我们脚下的泥土一样。

邓建军能不能再次创造奇迹？

一个人的力量是渺小的，邓建军一边学习相关理论，一边将科研组的人员发动起来献计献策，同时又不断地与实际从事操作的工友们讨论、请教。

邓建军仿佛着了"魔"。

曹德法有一次看见邓建军呆头呆脑的样子，就说："小邓，你得注意一点，别弄出什么精神上的毛病来。"

邓建军只是一笑说："曹董，你放心，这不会的。"

→ 给几条生产线动一次大手术

★★★★☆

邓建军生病了。

他躺在医院的病床上，翻来覆去不能入睡。

护士进来关照说，这病一定要好好休息，注意睡眠和营养。

就像一位越过了千山万水的长途跋涉者一样，邓建军感到身体的确十分疲惫，四肢发软，身上也没有了过去那样的力气，自己也真想静静地躺在这里休息休息。

可是，他刚闭上眼睛，眼前就出现了车间里那些与他朝夕相伴的机器，耳边也响起了那些机器隆隆的转动声。

多年形成的思考习惯使他无法适应这种病床上的生活，可是人非神仙，吃五谷杂粮就可能会生病，更何况他十多年来总是这样不停地围绕着机器转呢！

住院治病的日子是寂寞的，平时惜时如金的邓建军不愿白白地让宝贵的时间从自己的身边流失，他的大脑仍在不停地转动着。

这时，他发现有一位与他住在同一病区的病人，竟然是厂里一同搞科研的工友姜志强。

姜志强在休息的时候经常会跑来看望邓建军，见他身体不如从前，就劝他一定要趁这次住院，好好把身体检查一下，安心养病。

对于工友的劝告，邓建军总是一笑，然后点点头。

可是，姜志强却发现，有时在挂完药水之后，就看不到邓建军的影子了。

一个住院的病人，能到哪里去呢？

姜志强后来与厂里通电话，才听说邓建军总是偷偷跑回厂里去，了解生产情况，并带病帮助解决一些设备维修方面的事情。

这天邓建军又发高烧，在挂完药水后出现了药物反应。突然厂里来了个电话，说是新进口的德国某公司的染浆联合机出了故障，几个维修工都看了，无法排除，让他速去厂里一趟。

这是一个万不得已的办法，因为机器无论如何都是不能停的。

邓建军这时无法脱身，因为医生护士都在病房里。

他只好向医生请假。

医生看看他发黄的脸，皱起了眉头。

邓建军只好一再地说明原因，医生没有办法，只好同意。

看着邓建军下楼的背影，医生感叹地说：“这年月里，这样的员工上哪里找去！”

回到医院之后，医生便不再准他任意外出了。

姜志强也劝他说："这还了得，你难道不要命啦？"

于是，姜志强就担负起了在医院里看守他的任务，不准他任意离开医院，叫他安心治病。

邓建军倒也听话，真的静下心来治病了。可是，护士却发现，他的病床上多了一支笔和几叠纸。

谁也没有想到，邓建军出院之后，找到老厂长姚顺才和其他几位老总，向他们提出了一项建议，必须给几条生产线动一次大手术，彻底解决困扰企业的牛仔布染色的问题。

嗨，这个邓建军，刚出院，他又要开始"动手术"了。

姚顺才不觉有些奇怪："小邓，你不是在养病吗，怎么又冒出这么一个想法？"

邓建军笑着告诉老厂长："我人是住在医院里，心还在厂里边。特别是多年来，我们这个厂里面，头号的技术关键，就是牛仔布的染色自动控制，这个问题，实际上我在医院一直在思考。"

姚顺才一听，高兴地拍着邓建军的肩膀说："好小伙子，有志气。这可是一块多少年来我们都没有人敢'啃'的硬骨头，在当今世界上，也少有人攻下来，你要是攻下来了，那可就立大功了！"

对于牛仔布的染色，多年来世界各国都在实验，但至今没有一家完全解决。国内企业在牛仔布染色上靠手工检测控制，国外同行也只能做到事后检测，然后再进行染色，而一次性地进行这种操作，至今都没有达到。

如果能达到邓建军所说的目标，对于企业的好处那是不言而喻的。

邓建军要实现染色自动化的难度不仅在此，同时还在于在生产过程中对于色彩的比例上。对于主要经营出口牛仔布面料的黑牡丹集团，所生产牛仔布的主要服务对象是外国客户，这就需要在色彩上适应他们的要求。目前所进口的设备中，从染色工艺来看，美国采用的是球经染色，其渗透性强，色泽稳定，而欧洲装备大都采用的是片纱染色，这种染出来的牛仔布色泽鲜艳。黑牡丹集团在此之前，为适应国际市场，将两者进行了结合，染出来的色泽同时受到了欧美地区客户的欢迎。

邓建军所要研制的自动染色机，除了自动之外，到时还必须包括已经取得的这项染整成果，也就是说必须将这种成果包括在这套未来的自动化染色机中间，否则就失去了价值。

这无形中又增加了这项工作的难度。

总经理王盘大既为邓建军的这种精神感动，同时也为他担心，他曾再三地劝邓建军："按原来系统改造，把握比较大，工作量比较小；如果按照全新技术改造，风险比较大，你还是得认真考虑。"

总经理的话十分明显，如果保守点的话，就别冒这个风险，对原有设备作一些改进，这也是很好的事情。

邓建军认为总经理的话有一定道理，但他却又不太愿意，他说："在原来系统上改造，不过是改善而已；如果全部采用新技术，那就彻底解决了。"

邓建军还对总经理说："因为我们是一个应用型企业，那么你肯定要做一些自主创新的项目，才有自己的核心竞争力，这对一个企业来讲是很重要的。"

番话，说得总经理心里热乎乎的，他说："小伙了，有志气，好好干，有什么困难我们都全力帮助解决。"

说困难邓建军家里真还是有的，只是他多年来一直都未给人们讲过。

这个困难并非总经理王盘大和邓建军所能解决的——他的岳母躺在医院的病床上，生命垂危。

想起岳母，邓建军便想起了与妻子刚刚认识的时候，到了老人家的楼下，却因为厂里机器出了故障，只匆匆一面自己就走了，深感对不起老人。而慈祥的老人却没有计较这些，用她温暖的胸怀接纳了自己，并在工作中给自己以有力的支持。

岳母身体不太好，但总到家来帮他照料孩子，帮着做一些力所能及的家务事，减轻妻子的负担，让自己在企业里更好地工作。

其实，早在邓建军开始这项技术攻关之前，岳母就早已病倒在床整整四年了。这四年时间里，他总是与妻子想法照顾着老人。老人得的是心血管扩张病，已经瘫痪，躺在病床上不能说话，一切都需要人照顾。现在，老人的病情已开始恶化，随时都会有生命危险。

看着老人的病情，妻子经常一个人偷偷地擦眼泪。

此时的邓建军呢，对于研制成功这套自动化设备是有一定把握的，心里是有底的，精通计算机的他从正在自学的新兴学科——电化学当中获得了重要的启示。

他满怀信心地准备打开这道神秘的闸门。

看着妻子为岳母的重病每天忙进忙出，他觉得心里很不好受。

妻子说，老人已不能说话，但还是很想念他，不停地用手比划着，问他近来工作的情况。

谁不是父母所生？听到这里，邓建军的心就直跳，下决心再忙明天也要去看一次老人。

第二天，邓建军早早就收拾东西，准备下班以后去买一点水果。

可是，有人又来叫他，说是那个自动染色机上的事情还得让他去定一下，不然今天就无法完成，只好等明天来了再说。

邓建军一听急了，那怎么行，这不是耽误事吗！

他急忙带上工具，跟着跑到了现场。

谁知这一干就是好几个小时，当他抬起头来，看了一眼挂在墙上的大钟时，时间早已指到晚上九点多钟了。

深夜，邓建军躺在床上，翻来覆去不能入睡，想着老人平时对自己的好处，久久地望着头上的天花板出神。

他觉得眼角有些湿润……

此时的邓建军感到有些两处为难。

一边是厚重的亲情，一边是艰难的探索，时间都不容耽误。

邓建军一心想做一个孝顺的女婿，在岳母病重四年的时间里，他与妻子时常将老人接到自己家里来养病，只要有时间都要想法给老人买一些好吃的东西，总要想法与老人多说一会话，陪着多坐一会儿。

老人虽然病重得不能说话了，但只要看到邓建军在身边，脸上总会露出笑容。

人间的亲情，生命的纽带啊!

现在岳母的一边暂时还有亲人照顾，而这边的自动染色机呢，自己是主要的技术骨干力量，没有自己能行吗?

科技的每一步前进，都必须全身心地投入。

后来老人不幸去世了。

邓建军站在老人的遗体面前，泪水禁不住长流……

通过四百多天的实践和摸索，邓建军综合染整工程、化学、电化学等知识，开发了"在线染料组分自动控制系统"，并一口气钻研出在线染液控制系统、在线流量控制系统、自动浆液控制系统等一整套技术。

为了证实这些研究的可行性，邓建军对这些研究开始了实验，一次不行再来一次。牛仔布的蓝色染料把他的手染得一块蓝一块白，而牛仔布的颜色却变得越来越均匀，越来越稳定。

经过两年多的反复推敲和试验，一套拥有自主知识产权的"染色在线检测和控制系统"终于在黑牡丹诞生了，用计算机自动检测彻底替代了人工控制染色的工艺，从此黑牡丹的牛仔布无论是颜色均匀程度还是染色的牢固程度，都令同行企业羡慕不已。

2004年，邓建军综合机械学、电化学、化工学、计算机学方面的知识，研制了一套"颜料组分分析计算机控制系统"，实现了牛仔布染色计算机控制，使几千万米布料染出的颜色全部一致。这个系统不仅填补了国内空白，在世界上也是先进的。

邓建军——一个中国年轻的技术工人，终于从对进口设备的改造中，走出了一条中国自己的道路，独立研制成功的具有世界先进水平的自动染色机，使中国人在这个领域里有了自己独立的知识产权。其中许多项目均是行业内首创。这一系列成果使"黑牡丹"产品的染色质量在世界上遥遥领先。

他用自己的智慧和知识，使中国的纺织工业迈向了更新的高度。

外国专家没有办到的事情，在邓建军这位中国技工的手中变成了现实。

世界纺织行业的前沿，同样留下了中国工人的足迹。

2005 年 2 月，美国一所大学的一个博士研究小组在世界权威纺织杂志上撰文，宣布将在两年之后推出这一科研课题的系统处理设备。

他们何曾想到，一个中国工人依靠他那聪明的大脑，早已走在了他们的前面。

"去年 9 月，我们已给这项技术正式申请了专利。"说到这里，邓建军的脸上露出了舒心的笑容。

⊙→ 只有干才能解决

☆☆☆☆☆

只要谈到中国的牛仔布，人们一定会谈到黑牡丹集团；一谈到黑牡丹集团，人们不得不谈到邓建军。

从被动的维修，到主动的改造，再到敢于向世界最新的纺织技术挑战，独立研制世界领先的新产品，这是邓建军这个仅仅只有中专文化的中国技工所走过的道路。

邓建军善于攻克难关，也善于在日常生产中发现问题、解决问题。历年来，他不仅是公司里完成研究课题难度最大的一个，也是数量最多的一个。

从1988年参加工作到2005年的17年间，邓建军参加完成的技术改造项目达近500个，独立完成的150个，攻克具有一定难度系数的重大技术难题23项。仅仅一年的时间里，邓建军就完成技改项目59项，平均每个月就完成5项。技改创新的范围涉及公司的所有重要设备和世界牛仔布纺织行业的大部分领域。

更令人欣慰的是，据美国权威杂志公布：当今世界纺织行业有25项公认的最新技术，其中可用于色织行业的18项，在这18项中公司已成功应用了15项，由于采用了多项世界纺织的最新技术，提升了企业科技含量，"黑牡丹"牛仔布的质量不断攀登世界高峰，黑牡丹（集团）股份有限公司从此跻身成为全国131家重点高新技术企业之一。

邓建军并未因此而停步。这不，他又开始忙上了。

他在生产实践中发现，工人在进行染色时使用染液的方法比较原始，大都靠人工来操作。先是由工人将所需的染液在磅秤上称好，然后再将不同的化学成分倒入这种染液中，进行搅拌后再倒入所需的容器里。在进行了这些繁琐的程序以后，这种生产所需要的染液才算完成。

配好了的染液要对牛仔布进行染色，还得用力气将它们倒入设置在高处的染缸里。这样，在染色的时候，染液就从高处向低处流淌下来，逐渐对所需要的布面进行染色。

这种办法不但工人劳动强度大，而且流液的多少全靠肉眼观察，靠工人进行手工操作。流量从高向低，容易造成染液不稳定，高处的地方染色浓，低处的地方颜色就明显要浅一些，无形中影响到产品的质量。

能不能将这种原始的染液配置方法改进一下呢？

邓建军查找了相关资料，也没有找出一种好的办法。

前人没有可供参考与借鉴的东西。

再查国外的相关资料，整个一套配置技术上需要的东西太复杂，研制起来不但经费昂贵，同时就工人现在的文化素质，要进行操作也有一定难度，起码这种培训费就得花不少，而且时间上也会拖延。

要干，就得全靠自己摸索。

邓建军跑到车间里，找到负责前织车间的值班长蔡志忠，向他了解有关染液的情况，然后又一点一点地记在本子上。

蔡志忠见邓建军问得如此详细，心想邓建军一定是想要对这项技术进行改进了，心想这可不是你的专业，而是机械与染整方面的东西，不免有几分为他担心，于是问道："这能行吗？"

邓建军说："我也没有完全的把握，但我们不干，这就永远无法解决。"

蔡志忠好心地说："这可是一件有点冒风险的事情。"

邓建军笑了一笑说："总没有人敢冒风险，事情就总不能解决。"

蔡志忠听了也笑了，说："那好，让我们一同来冒这个风险，有什么需要问我的，你尽管来问，别的我没有，这十几年下来，这方面的经验还是有的。"

一向不易激动的邓建军这时高兴了，对蔡志忠说："有你们支持，我想会成功的。"

果然，邓建军很快就想出了一个适合"中国特色"的办法，将电气与机械原理进行了综合，在一台设备实现了机电一体化操作，制成了中国纺织行业第一台自动滴定液。

由邓建军发明的这台自动滴定液，采用横流箱的办法，先将流液放入箱里，用抽水马桶自来水箱里的球阀，将流液控制在一定范围，流量就相应得到了稳定。

这种自动滴定液原理简单，便于操作，很快受到工人们的欢迎。

➜ 小发明解决大问题

✩✩✩✩✩

一群工人站在那里，正在欣赏一台新机器。

其实，这并非一台直接的生产机器，而是一台小型的循环系统报警器。

人们将这台报警器安装在相应的机器上，当机器正常转动时，报警器静静地没有一点声音。当机器在人们操作下，突然出现"故障"时，报警器便发出警报。

操作的工人停下手中的活，高兴地说："这下好了，用不着像过去那样出现生产事故了。"

谁发明了这样一件东西? 真会动脑筋!

还能是谁呢? 大家都知道，这是邓建军的又一发明。

人们对邓建军称赞不已。

可是邓建军却说："这没有什么，只是一个小小发现。"

小小的发现? 这可为企业的生产解决了大问题呀!

邓建军未回答先笑了："这也许就是平常所说的，留心处处皆学问吧。"

敢于向世界顶级纺织机械挑战的邓建军，经常结合中国企业的实际情况，进行一些适合国情的机械改造与发明，这些小小的发明看起来并不起眼，更谈不上世界领先的技术，可是却为企业解决了实际的生产问题，给企业的发展加入了充足的"燃料"。

这天，邓建军正在科研小组里忙碌，突然有人来叫他，说是后织车间里的机器出了故障，无法排除。

邓建军跑去一看，马达还在转动，但整个系统就是不工作。

当时负责检修的工人，也说这种现象很奇怪，无法找到答案。

邓建军于是关掉电闸，对整个设备进行进一步检查。

这套系统主要是用于保证染液化学品平衡的，不能正常工作，就会给产品造成影响。再看染出来的布面，颜色明显偏浅，没有达到生产规定的要求，一下子就损失了3000多米。事故主要是因为工作时，这套系统未能正常工作，而操作工又无法发现。

要改变这种现象，就必须得有相应的装置，到时提前报告。

从小在乡村长大的邓建军感到有些心痛，整整的3000多米布呀，企业将受到不应有的损失。

于是，邓建军开始动脑筋想这件事情。

一个多星期之后，他不声不响地来到车间里，在这套机器上安上了一个自己发明的报警器。

装上报警器之后，只要这套系统出现故障，就会提前发出声音，操作工人可以关闭机器，避免不必要的损失。

这种报警效果很快又被邓建军推广到浆纱工艺上。

一项小小的发明，解决了困扰企业多年的老问题。

工人们为有这种报警装置感到高兴，都说："邓建军真会动脑筋，小小报警器，解决大问题。"

点点滴滴成大海

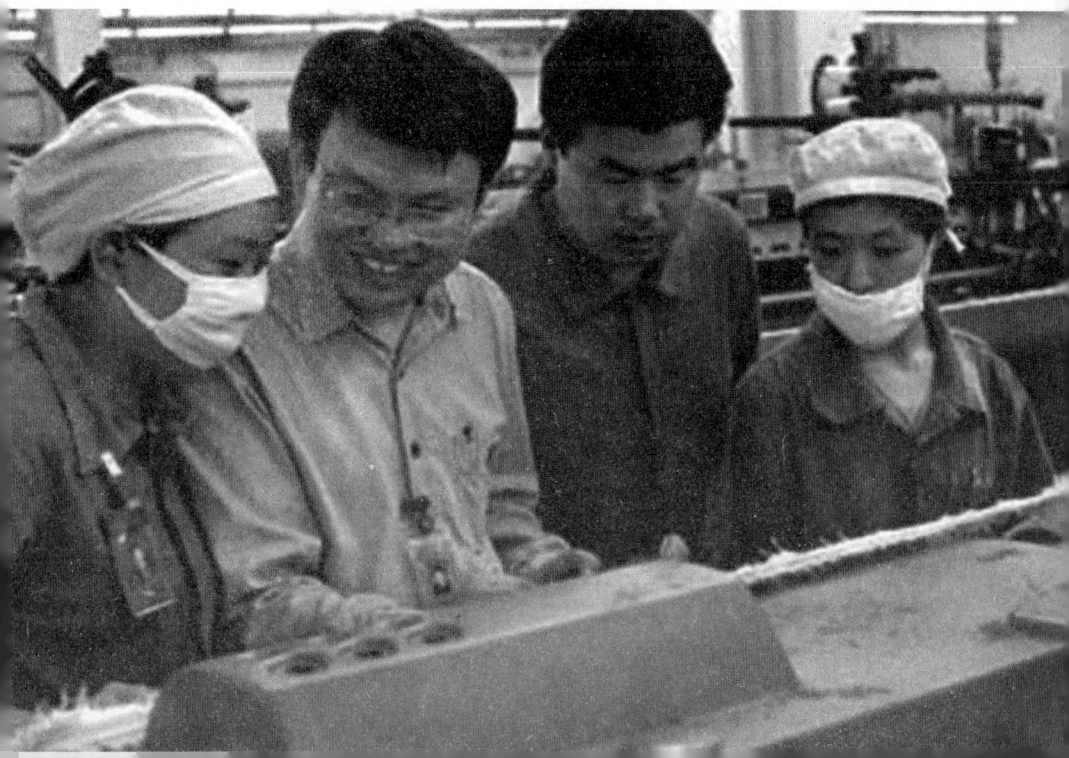

邓建军手中有一株"灵芝草"

　　土法上马、土洋结合解决技术问题，是作为中国技工的邓建军的一大特色，也是一大财富。

　　1998 年，黑牡丹集团东厂从美国进口第二批 4 台分经机。

　　东厂进口这批分经机的目的，就是想改进厂里的纺织机械，向着国际现代化的纺织业迈进。因此，这一批机械能否正常投入生产，或者说能否尽快地投入运转，直接关系到企业的经济效益和对于引进国外先进设备的信心。

　　于是，公司总经理办公室要求东厂必须要在两天之内安装结束，并在第三天投入正常生产。

　　东厂根据经理办公室的要求，很快就将 4 台分经机的值车工车间安排到位，同时对相关参加此项工作的人员进行了调整，可是厂里却没有一个人能够对此项安装任务在技术上进行指导和负责。

　　他们向公司要这方面的人才。

　　公司问道："你们看谁最适合？"

　　厂里答道："还能有谁，邓建军吧！"

　　于是，邓建军担任了这项进口分经机的安装任务。

　　对于这样的设备，邓建军过去也从未接触过，但他与洋设备打过多次交道，有过改造其他洋设备的经验。为了能加快速度，他对人员进行了合理安排，将 4 台分经机合成一个小组同时进行安装。

　　由于安排得当，进度很快，只用了不到两天的时间，强电和照明的电线都一一地安排到位，设备前期就位和控制线路已全部安装完成。

　　很快，4 台分经机安装完毕。

　　大家都为此高兴不已。

　　可是，人们没有想到，邓建军也有失手的时候。

当开始试车时，这4台分经机却死气沉沉地蹲在那里，竟没有一台能够转动。

这一下，在场的人都傻眼了。

大家将目光都一起投向邓建军。

邓建军并不是神，他看着如此结果，同样感到很吃惊，一时也想不出办法来，心中不免十分着急。

曾参加此项安装工作的公司电工班的高建元清楚地记得，当时邓建军立刻对这种情况进行分析，组织相关人员对每一项技术进程进行仔细的复查，最后终于发现了原因，原来在电源的安装上出了问题。

此时邓建军仍不放心，他又亲自对每台机器上的变压器、电压等进行了分解检查，对每一根线、每一颗螺丝都不放过，这一查不由使他大吃一惊，由于个别人员工作上不太熟悉，结果4台机器上的变压器输出电源不对，造成机器无法正常工作。

原因是找到了，但要解决却有一定的难度。

原来安装的变压器已不能使用了，而这种变压器是从国外随同机器一起进来的，要换就得从国外再寄过来。

我的天，那将是猴年马月的事情！

时间不能等，工厂不能等。

如何才能使这4台机器起死回生呢？

邓建军的手中有没有一株"灵芝草"？

邓建军找来几名参加安装的电工，大家在一起想办法。

邓建军说："想从国外进口变压器是不可能的了。这洋办法不行，我们用中国自己的土办法行不行呢？我们给它来一个土洋结合。"

很快，在邓建军的带领下，大家想出了一个办法，利用电路串连和并连的原理，经过改接变压器输出输入连线。

这个土办法果然好使，当线路接通，电源打开，4台分经机很快就"活"了起来！

一个认真做"小事"的人

★★★★★

每当谈起邓建军，成品车间的唐琴媛总会竖起大拇指。

她说："谈起邓建军，我感到非常骄傲，他用事实感动着周围的人。"

1999年3月，成品车间的机器在转动时突然出现了故障，不能正常生产。

请来几名维修工，忙了一个多小时，还是没有解决问题。

有人给邓建军打了个电话，请他来帮忙看一看。

在黑牡丹集团，好像形成了一种习惯，凡是在技术上解决不了的事情，最后都要叫邓建军来帮助解决，邓建军仿佛成了公司各种机械设备的保护神。

这是一种自豪——你看，我们这里有邓建军。

这是一种信任——别人干不了的，邓建军能行。

邓建军赶到现场一看，机器没有毛病，电气方面也没有问题，这不明不白的奇怪故障究竟出在什么地方？

人们急了，摆在面前的问题好像邓建军也无法解决。

成品车间的定型机是一台由8只烘箱组成的机器，在操作的时候，要求烘箱的温度和机器的张力都是成正比例的，如果这种比例不当，就会对机器产生负面影响，直接牵涉到机器的运转。

由于进口设备的全自动化，这个小小的细节在操作时都为很多人所忽视了。

邓建军将目光盯在了这个很小的细节上。

他发现布面吃在针板上，张力太大，因此影响了正常的工作。

他立刻让操作工放松机器的张力，果然就是这一点点的失误，直接地影响到了整台机器的运转。

由此人们悟出一个道理：再现代化的机器，也是需要人工进行操作的，操作者知识的多少与工作态度的好坏，直接关系到现代化机器的使用。邓建军正是由于平时不断地学习，注意对进口设备各方面性能的了解，因此才能发现这不为人们所注意的细节，并在关键时刻派上了用场。

细节决定成败，的确不假。

我在采访中常听企业里的员工说："邓建军是一个认真做'小事'的人。"

2003年2月，由邓建军负责1号染色机电机实行变频改造。邓建军总是亲临现场，亲自操作，对于参加的人员都实行合理的安排，凡是安装好的，都必须经过他的检查，否则不给签字。

他手里总是拿着各种不同的工具和仪器，这里查查，那里敲敲，绝不放过任何一个细小的地方。在检查的过程中，他也将安装情况记在心里，有时还用一个小本子记上，以便以后维修时查找。

记得有一次在改造过程中，发现同步电位器上的齿轮安装未到位——仅仅就是一个米粒大小的位置，他立刻命令停工。

他将安装人员找来，对他们认真严肃地说："技术上的事情，大家千万不能马虎，一个米粒的位置不是小事，到时就会出事故。"

接着，邓建军就将安装中一些注意事项再次提醒大家，并讲明有的零部件为什么要安装在这个部位，而不能有所移动。

遵照邓建军的要求，在安装中大家都从小事做起，一步一个脚印，最后使这项任务圆满完成，许多年过去了，很少出现事故。

说起邓建军在设备维修上技高一筹，手到病除，人们更是赞不绝口。

1999年的冬天，上夜班的时候突然发生电气故障，从国外进口的2号染浆联合机停车。当班电工查不出毛病，这样一直弄到凌晨4点多钟，最后只好将睡在热被窝里的邓建军叫来。邓建军赶来后急忙查找，仅用了一个多小时就解决了问题。

2000年同样是在冬天里，同样是夜班，进口的染浆联合机上的电气出现故障，机器无法转动。当班电工虽尽力抢修，但终未能解决问题。大伙只好又打电话，将邓建军从家里催来。

邓建军冒着风雪赶到的时候，全身上下都是雪花。他只拍了拍，就开始工作。

他要来线路图，顺着线路往下查，根据自己平时的经验进行相关的测试，发现地下一根电线老化，出现短路，因此才引起了这次事故。

邓建军立刻动手重新安装线路。

当机器隆隆转动起来的时候，邓建军才捂着一双冻僵的手，用嘴哈了一口气。

→ 邓建军的背影

★★★★★

邓建军正准备结婚之前的两个月，单位给他分了一套房子，他和姚群正忙着装修。

好不容易得到一个星期天，邓建军一早就起了床，与姚群一起跑去看新房的装修，并忙着采购一些急需的用品。

邓建军对电工方面很内行，因此装修时这方面的活都由他自己做了。

正当两个人忙开的时候，突然屋子里的电话响了起来。

邓建军忙拿起话筒。

电话是前织车间技工宗跃明打来的，他在电话里说，公司进口的卡尔玛高速整经机由于起动电路出现故障不能使用，现在直接影响到前织车间的正常生产，想了很多办法都没有修好，想请邓建军去帮忙给看一看。

说到这里，宗跃明的声音小了，因为他从话筒里，听到了屋子里有锤子敲击水泥墙的声音，他这才想起今天是星期天，邓建军一定与未婚妻在那里忙着装修。

宗跃明显得有些不好意思，接着说："真不好意思，我忘了今天是星期天，你要太忙就……"

话还未说完，邓建军就说："好了，你等着，我马上就来。"

15分钟后，邓建军与姚群一同来了。

宗跃明向他简单地说明了故障的原因。

邓建军立刻到机器前进行检查。

宗跃明看了看邓建军二人，见他们身上、头发上都是灰，姚群的手中还拿着一把干活的小锤子。

一会儿，邓建军从机器下面钻出来，跑到电工间去取了几样工具，又钻到机器下面去。

里面的光线太暗，无法看清线路，邓建军就叫姚群拿来一只手电筒给他照着进行检修。

一对恋人相互配合着，共同感受着工作带给他们的快乐。

半个多小时后，邓建军终于找出了事故原因，是因为有一条线路没有起动信号。

机器很快修好了。

邓建军又问了一下情况，认为不会再出什么事故了，就对姚群说："走吧，我们赶快回去装修房子。"

宗跃明要送他们一程，邓建军说什么也不让。

宗跃明只好站在车间的门前，看着他们远去的背影，这背影永远印在了他的心中。

→ 邓建军真的来了

☆☆☆☆☆

国内一家著名电视台对邓建军进行采访。

别看邓建军在一台台宏大的机器面前神气十足，可是对于这样的场面真还有点儿无所适从。前不久，国内有好几家电视台共同对他进行采访，面对着一大堆递过来的话筒和记者们的提问，邓建军感到手足无措。

问急了，他便向记者们甩出一句话："我到底听谁的？"

一向平和的邓建军竟对新闻媒体发了牢骚。

这家著名电视台在采访前就有了思想准备，他们要对他进行独家采访。

邓建军这次也很配合，坐在那里，平静地回答着记者的提问。

可是，问着问着，采访的记者却停了下来。

邓建军不知发生了什么事情，就坐在那里等着。

等了一段时间之后，仍然未见动静。只见几位扛摄像机的人围在一起，把一台机器转过来转过去地不知在寻找什么。

一会儿，他们只好用手机给电视台打电话，说采访还未结束，机器出了毛病，怎么也弄不好。

没有办法，最后记者告诉邓建军，得将这台机器送回去修理，过几天换一台机器来接着采访。

邓建军一听，站起来说："让我看一看。"

摄像师有些不放心地说："这台机子可是从国外进口的……"

邓建军接过来，然后将摄像机相关的几个部件取下，动手修了修，然后递给摄像师说："试试看行不行。"

这一试，还真神了，摄像机竟然哒哒地转动起来了。

谁也没想到邓建军会有这一手，采访的记者竟大呼，这个邓建军真神了！

没想到邓建军乐于助人，竟然助到这家著名电视台来了。

1995年春天，姜志强家的电视机坏了，找不到人修理，晚上下班后看不成电视，心里很是着急。

上班的时候遇见邓建军，他无意中将这件事情说了。

邓建军听后主动地说："没关系，有时间我来帮你修。"

姜志强想，邓建军那么忙，哪有时间来帮自己干这样的活，因此也就没有放在心上。

到了星期天，谁知邓建军真的来了。

由于电视机的使用说明书、维修图都找不到，邓建军就只好打开机盖，对电视机进行检查。

结果，发现有些零部件坏了。

由于姜志强家离市区较远，一时无法买到，邓建军就答应明天再抽时间买齐所有的零部件，再来修理。

第二天刚下班，邓建军果然来了，取出买好的零部件，就动手修理。

电视机很快就修好了，姜志强一家人十分高兴。

临走，姜志强的母亲有些过意不去，硬要送一点东西给邓建军表示谢意，邓建军说什么也不肯要。

他默默地来了，又默默地离开，一切都是那么的平实。

走向世界之路

授予邓建军同志"江苏自考优秀毕业生"称号，特发此证，以资鼓励。

荣誉证书

江苏省高等教育自学考试委员会
二〇〇四年五月十八日

→ 邓建军赶考

★★★★★

谁能想到呢，多年前走进常州古运河边那家弄堂小厂的一名中专毕业生，一个本分而带着几分腼腆的青年人，经过不懈的努力之后，用青春书写了无比瑰丽的人生，成为中国新时期工人队伍中具有时代标志性的人物。

邓建军的事迹引起了他所在的黑牡丹集团和常州市总工会的高度重视，他们在企业内部和全市工人中号召向邓建军学习。

新世纪的第一个春天，常州学习型城市建设蓬勃兴起。中共常州市委宣传部将邓建军列为重大典型人物，市委常委、宣传部长张晓霞组织撰写成《黑牡丹之魂》的综合文稿，首次全面报道了邓建军学习不断、创新不停的动人事迹，为深入学习、宣传邓建军铺下了先行之路。江苏省总工会副主席李晓布对此深切关注，多次来企业了解邓建军的情况，并将邓建军的事迹推向全省的工矿企业，省总工会张艳主席在江苏百万技术工人大比武活动中，号召全省职工学习邓建军，全国各地媒体也相继对邓建军的事迹进行了报道。

2004年邓建军当选为常州市十佳文明市民暨"感动常州"十大新闻人物之一，并获得"江苏省有突出贡献的高级技师"、"江苏省自学考试优秀毕业生"、"江苏省劳动模范"、"第七届全国技术能手"等称号。2005年他又被授予"全国劳动模范"，并受到胡锦涛总书记的多次亲切接见。

邓建军用自己在持续技术改造路途上的奔跑，书写着一个中国技工震惊世界的传奇。

从此，人们对于工人劳动模范有了一个全新的概念。

为了更广泛宣传邓建军的先进事迹，2005 年 5 月 4 日，由国家邮政部门发行的"邓建军个性化邮票首发仪式"在黑牡丹集团举行，使邓建军这个中国工人新时代形象的代表历史性地保留下来，并推向全国公众。

在全国职工中兴起了向邓建军学习，做新时代有知识有文化的新一代职工的热潮。

默默无闻的邓建军，一下子成了新时代中国工人的领跑者。

有人问他："领跑者，顾名思义就是既要自己跑又要领他人跑。请问你是如何领跑的？"

邓建军回答说："我觉得领跑包含这三层含义：首先是在平时的工作中技术上成为领跑者，第二在技术的掌握上成为领跑者，第三在工作中起到模范带头作用。"

邓建军从一名普通工人，已成长为一名高级工程师，是黑牡丹集团里唯一享受月薪 8000 元的职工，人们对他的称呼也由开始时的小邓变成了以后的邓师傅，又成了现在的邓工（工程师）。

人们不由得会发出这样一个疑问，只有 36 岁的邓建军，为什么会成为一个中国几千万工人中的领跑者？

这么多年来，邓建军获得的奖状、证书以及各种奖励的奖品完全可以用"等身"来形容，可是到了他家里你就会发现，四周的墙壁上只挂着一张奖状。

这是一张什么奖状呢？

令所有曾经到他家中采访过的记者们没有想到的是，那竟是一张"江苏省自学考试优秀毕业生"的奖状。

邓建军特别看重这张来之不易的奖状。

他说："我想告诉工人兄弟姐妹：在众多荣誉中，我最珍爱'江苏省自学考试优秀毕业生'称号。因为只有'你要学'，才能超越自我；只有'我们要学'，中国的工业强国梦才能早日实现！"

邓建军说得多么好啊!

邓建军前进的每一步,都深深地印着学习的脚印。

从某种意义上来说,没有学习,就没有今天的邓建军。

"学习学习再学习",这是邓建军对自己成长秘诀的唯一回答,也是人们能够从这位大名鼎鼎的中国技术工人身上找到的唯一答案。

邓建军并非天才,他在某些方面的反应有时竟显得有些"迟钝"。但他有个最大的优点,那就是专注。他在刚刚入厂的时候,面对一座与学校完全不同的全新的工厂,既感到陌生又感到兴奋。几次检修下来,他感到对于一个中专生来说,需要学习的东西太多了。随后厂里进口了大量先进的国外纺织设备,更让他眼花缭乱。他发现,在这样的企业里当一名工人,并不是你肯出力,愿流汗,整天像老黄牛一样埋头苦干就能解决的。如果只是这样,他来自贫苦的农村,身上并不缺少这些,用不上几年肯定能干出个样子来。

可是,现代企业需要的却并非完全是这样的人,而是需要有知识有文化的新一代工人,需要能开动那些锃亮的先进纺织机械的技术工人,需要了解世界先进技术的维修工人,这正是他这个仅仅中专毕业的年轻人所缺少的。

一种自身生存的压力,这是促使他学习的最初的动因。

他曾对自己说:如果不努力学习,自己就很有可能被时代淘汰,到时到哪里找饭吃去?

生存是人类自身的本能,人类正是在这种自身的生存中才揭开了大自然的许多奥秘,创造了先进的科学技术,人类的精神也正是在这种奋斗中获得了升华。

邓建军由此彻底顿悟,工种是社会化大生产的产物,随着市场经济的发展,过去那种单一的工种概念正在发生着变化,时代需要的是复合型的人才。因为企业的订单不是自己"计划"出来的,而是市场"选"出来的,企业要适应这种变化,作为企业的员工呢,自然也就会随着这种变化而改变。

"改变"的关键便是知识的更新——企业需要什么就努力学习什么。

他清醒地看到了自己的不足,感到自己现在的知识结构不能适应未来技术发展的要求,这不但没有使他灰心,而是更加激发了他学习的决心与勇气。

对于邓建军来说,需要学习的东西太多了。

可以说，从进厂的那一天开始，邓建军就为自己树立了学习的理想与目标。

妻子姚群总是默默地注视着自己的丈夫，在向知识进军的道路上，艰难而顽强地前进着。

每天下班回到家里，听着左邻右舍传出来的欢声笑语，姚群的心里总是有些羡慕，因为她的家里此时却寂静无声，每天一个半小时的学习，对于邓建军来说那是雷打不动的，此时他得抓紧下班后进房间赶快看书或做作业。

常州的冬天阴冷而潮湿，南方的屋子里又都没有暖气设备，坐久了手脚冻得如同冰块。这时，邓建军就钻进被窝里捧着书看。有时需要上网查找资料，他又将手提电脑抱到床上。

看到丈夫握着鼠标的手在被子上面来回移动的神情，真比抱着儿子时还兴奋。而此时没有父亲陪伴的儿子，只好独自寂寞地在屋子里玩着玩具。

姚群此时总是又生气又心疼。

不积跬步，无以至千里。不积细流，无以成江河。平凡的日子就这么一天一天地过去了，邓建军的知识也这么一天一天地逐渐在增长。

这么多年，多少个日日夜夜，邓建军如同一名勇敢的水手，奋力畅游在知识的海洋，他如同海绵吸水一般痴迷于新知识，痴迷于这些给他带来的心灵的愉悦与精神的充实的新技术。

人们在赞扬邓建军的成功的时候，有谁知道他为此所付出的常人难以想象的心血！

紧迫感和危机感，是邓建军学习的动力。

邓建军对自己的学习是这样评价的："我是怕被淘掉，怕被工业发展的滚滚车轮远远抛弃。"

根据企业发展需要，邓建军参加了自学考试。他先后通过了微机及应用大专、计算机及应用本科的考核，并被评为江苏省优秀自考生。他先后自学了《VB6.0 数据库编程技术》《计算机信息管理系统》等二百多册专业书籍，这些书摞起来有两人多高。

邓建军就是这样从一个传统的中国工人，通过学习对自己进行了脱胎换骨的改造，变成了一个令世界同行刮目相看的现代中国技工！

于是具有大专学历的徐文虎，进厂就成了只有中专毕业文凭的邓建军的徒弟，跟着前后干了十年之久，却越来越感到两人的差距在无形中拉大。

徐文虎认为，造成这种差距的关键不在文凭的高低，而在学习和钻研的精神。

看到邓建军不断迸发出来的智慧火花，徐文虎不敢有一丝懈怠。他跟在师傅后面学，不停地请教，可是自己觉得进步还是很慢，总觉得师傅有一些东西自己怎么学都学不到手。

他为此时常陷入沉思。

不知经过多少次的努力，他才终于发现了这个秘密。

他说："想成为师傅那样的企业栋梁之才，就需要像师傅那样对技术具有百分之百的兴趣，百分之两百的执著和勤奋。"

有一件事深深感动了徐文虎。

那是 2000 年，有一次他值夜班时，染浆联合机发生故障，他赶紧去抢修，但一直干到深夜 12 点仍未修好，急得他满头大汗。

这时他想到了自己的师傅，想打电话求助。

可是，当他的师傅接电话时，他不由惊得张大了嘴巴，我的天，师傅不在本地，而是在远处的另一座城市镇江，参加江苏理工学院函授本科段的考试。

徐文虎有些为难地说："师傅，那……那就别耽误你了。"

邓建军却说："你别急，我一会儿就赶回来。"

一会儿？徐文虎不觉有些犯疑。

令徐文虎没有想到的是，凌晨 1 点钟，邓建军乘出租车风尘仆仆赶到了抢修现场。

经过邓建军的动手维修，故障很快解决了。

嗨，这就是差距！

徐文虎站在一旁看着师傅操作。

徐文虎说："我不行时可以找师傅，我有退路，可是师傅却不行，他没有退路。"

清晨5点多钟，邓建军来不及洗一把脸，又乘火车赶到镇江，以便赶上当天的考试。

目送师傅疲惫的身影消失在冷风习习的清晨里，与师傅多年朝夕相处的小徐鼻子一酸，揪心地扭过头，含在眼圈的泪水再也止不住，他真的心疼师傅，佩服师傅……

➡ 语言是通往世界的桥梁

☆☆☆☆☆

1992年秋天，当邓建军拿到自考成绩时，一下子傻眼了。

成绩单上赫然写着：英语57分。

再看下面一项数据结构课程，考的仍然是不及格。

平时认为邓建军在设备维修方面无所不能的工友们这才发现，他并非天才，在自学考试中一下子竟有两门不及格。

邓建军为此感到难过。

仔细地想一想，他又感到这事不能怪谁，只能怪自己努力不够。一分耕耘一分收获，他相信这个理。

1992年，正是邓建军谈恋爱的时候。作为一个年轻人，谁不希望自己有一个美丽的爱人，谁不憧憬美好的未来，青春的热血使他无法放弃这美妙的人生时光。

他承认，为着热恋中的情人花去了不少精力，约会看电影，携手逛商场，那都是需要时间的呀！再加之车间里特别忙，他没有更多的时间来复习所学的课程。

现在家已有，心已定，他决心依靠自己的努力，"啃"下这两块"骨头"。

对于只有中专学历的邓建军来说，外语是他最头痛的一件事情，因为在他之前的中专学校，一般都认为毕业生大都只能在国内从事一些企业的技术工作，很少有机会使用外语，因此外语也就只是一门"副课"。

可是，面对黑牡丹集团接连不断进口的国外先进纺织设备，作为维修工的邓建军一下子傻眼了，面对着那些弯弯曲曲的外文字母，他感到一筹莫展。

更让他感到失落的是与外国技工的对话。

企业进口了德国的一套染浆联合机，负责安装的是从德国来的技工，公司让邓建军配合对方一同安装。

这下可难住了邓建军，他只好用在学校里学的一点英语与德国人对话。

当时，邓建军的英语说得既结结巴巴又很不标准，语调里带着浓重的常州土音，听得德国人连连摇头。

更糟糕的是这些德国技工，英语中也带着浓厚的德语发音，相互交流时，使本来英语水平不高的邓建军听得稀里糊涂。

双方的配合经常令人啼笑皆非。

德国技工钻在机械下面，让邓建军递一把锤子，结果他竟送去了一把螺丝刀。邓建军让对方给送一个电表，结果对方给拿来了一把扳手……

后来双方终于想出了一个办法，就是在需要工具或研究什么问题时，就拿一张纸来，在上面画一个图案，另一个就照此去寻找或再画一张图来表达自己的意思。

语言妨碍了双方的交流，同时也影响了工程进度。

没有办法，德国技工有时就自己干，根本不再叫他配合。

邓建军有时被冷落在一边。

他感到了一种寒冷，感到了一种羞愧，感到了一种尊严的丧失。

他决心要学习外语，掌握与世界交流的工具。

随着中国对外开放的深入，许多先进的机械引进了中国传统的纺织行业，中国人与外界同行之间的交流也越来越频繁。面对着一个全新的时代，邓建军深感自己身上的责任，不能让老外小瞧了我们中国人，小瞧了我们中国技工！

如果说此前的邓建军努力学习科学文化和先进技术，完全是为了自身生存的需要的话，那么此时的邓建军早已跳出了最初的认识，将自己的学习和整个民族的尊严与国家的富强自觉地联系在一起了。

精神境界的升华，使邓建军有了无穷的力量。

公司团委书记席中豪，是邓建军科研组的成员，在他的记忆里，邓建军总是同加班加点连在一起的，经常是别人下班了，他还在那里忙碌。因此他也常在下班后来找邓建军。

这天下班铃刚响，他走进科研组，想赶印一份材料。

令他没有想到的是，邓建军已在关门。

席中豪说明了来意。

邓建军却站在门前，催促他快点儿打印："快点，我要锁门了。"

邓建军从来都很少与人这样说话，这使席中豪感到不解。邓建军既没去洗澡，也没有换掉身上的工作服，他这么催促干什么？

席中豪这才注意到，邓建军的手中夹着一本英语书。

锁上门，邓建军跑到外面的小摊上吃了一点东西，就骑上电动车，直朝夜校的方向开去——他要到那里去补习英语课。

2003 年 6 月，席中豪与邓建军一同到上海去参加国际纺织工业博览会。

参加这次会议的有世界许多著名的纺织机械制造公司，也有国内许多著名纺织企业，每天整个大厅都是人山人海，人们都利用这个机会，相互进行交流与洽谈。

德国 G 公司是世界著名的纺织机械制造公司，也是黑牡丹集团的主要设备供货商，邓建军早就想与他们进行一次技术性的交流。

邓建军与席中豪来到 G 公司的展厅前。

由于想找 G 公司面谈生意与咨询技术的中国企业的相关人员比较多，对方的翻译人员有限，会见时都得在外面排队等待。邓建军走过去，用一口流利的英语与对方的接待人员交谈。

他们的谈话被屏风里面的 G 公司技术工程师听见了，他走出来，将邓建军请进了里面的贵宾室。

对方很热情地与邓建军交谈起 G 公司的产品，相互交流在生产中所遇到的实际问题。

邓建军整天都与这家公司的产品打交道，自然就具有了发言权，他从 G 公司的产品质量，谈到这种机械的先进性与优点，接着又根据自己的经验，提出了一些存在不足的地方，希望这家公司在今后的生产中能够加以改进。

邓建军的一席话，听得对方双目圆睁，连连点头。

这位技术工程师不由问邓建军在公司里是什么职位。

当他得知邓建军只是一名普通的电气维修工时，摇摇头，表示不肯相信："邓先生，你真会开玩笑，据我所知，在中国的技工中，不可能有你这样的知识。"

邓建军笑了，笑得很开心，他告诉对方说："我的确是中国黑牡丹集团一名普通的电气维修工，并多次维修过贵公司的产品，同时对一些地方实行过改造。"

那位技术工程师看着面前的这个中国青年，听着他那一口流利的英语，终于相信了眼前的事实。希望他以后能多多联系，相互交流。

邓建军如此流利的英语，不但使这位德国 G 公司的技术工程师佩服，同时也使同事席中豪吃惊，在短短的一年多时间里，邓建军的英语竟有如此大的进步，可以直接与外商进行工程技术方面的对话，这真是了不起！

外文资料曾使原本只有中专水平的邓建军犯难，英语成了他的主攻目标，经过几年的刻苦学习，他终于越过了层层障碍，不但在大学的自考中获得了好成绩，同时还达到了如此惊人的口语对话能力。

由于既懂英语，又懂专业技术，许多外文资料的翻译邓建军都可以自己独立完成了。倒是一些不懂专业的英语专家翻译的资料，叫他看后啼笑皆非。

邓建军——一名普通的中国工人，依靠自己的努力，牢牢地掌握了一把打开世界之窗的钥匙！

有了这样一把通向世界的金钥匙，邓建军应该满足了吧！

要是这样，这个人就不是邓建军了。

邓建军接着又给自己提出了更高的目标。

由于黑牡丹集团进口的设备中，德国公司的机械有着很大的比重，有很多资料是用德文直接写的，要是不懂德文，到时就得请别人翻译。

于是，邓建军给自己提出了更高的目标，在英语的基础上，再闯一下德语这一关。

如今，邓建军不仅能够运用德语与外国专家直接进行技术交流，浏览国外技术网站，与外方技术人员互相发电子邮件更算不上什么难事了。

△ 邓建军向外商介绍用新技术生产的牛仔布产品

→ 高科技塑造中国工人的新形象

☆☆☆☆☆

从当年的抄书、记笔记，到今天的熟练运用电脑、互联网，邓建军的学习方法在不断地进步。如今，电脑已经成为这位电气维修工维护世界先进设备、学习掌握先进技术的最有效的工具。

其实，邓建军一开始对计算机可说是一窍不通。

他在学校里学的是电气自动化专业，那时计算机还不这么普遍，整个学校也只有几台 386 或 486 的电脑，那都是为当时档案文秘专业配置的，他们很少有时间去听这样的课。由于不懂电脑，他开始分析电路板的电路时，只能靠放大镜。后来，随着世界电子技术的发展，放大镜在分析电路时已经完全不行了。

在生产实践中摸清了洋设备的电气原理，邓建军很快又发现，这些世界上最尖端的设备如果离开电脑，就变成了无法驾驭的野马。他敏感地意识到，作为当今一名合格的电气维修工，必须掌握外语、计算机编程、电气、控制理论等多方面的知识。

不懂得使用电脑，就失去了解开科学技术之谜的法宝。一种危机感压迫着邓建军。随着国外先进设备和先进技术的大量涌进，邓建军在看到祖国前进的同时，也感受到了与先进国家之间在技术上的差距，作为一名新时代的中国工人，他觉得身上的担子沉甸甸的。

必须用高科技来塑造中国工人的新形象。

于是，邓建军从一个中专生起步，自学完了微机及应用专业的大专课程，接着又继续学习江苏大学计算机及应用本科专业的全部内容。

从中专毕业到成为全国劳动模范前后的 17 年里，邓建军有 13 年都在利用业余时间上学，通过自学考试，他不仅拿下了计算机本科的文凭，再加上掌握了英语、德语，通向现代技术的大门被他慢慢推开了。

整整 17 年，没有一天松懈，没有一天放弃，就是在最困难的时候也不停下脚步，这需要何等坚韧的品质啊！

在感动于他在技术革新中取得的突出成绩的同时，人们同样感动于他执著的学习精神。

计算机为邓建军插上了腾飞的翅膀。

进口织机上的电路板最易损坏，企业对此感到很头痛。

最省事的修理是"换板子"，一块板几千块钱，一个月要坏几十块甚至上百块，这要送给人家多少钱啊！自己修，线路原理图是关键。外方对设备核心技术严格保密，除了简单的使用说明书外，不提供任何资料。

邓建军一开始用的是中国传统的笨办法，放大镜不离手，靠肉眼、人手"对付"电路板上那细若发丝、密如蛛网的线路和上千个电子元件，既耗时又耗力。

后来，邓建军精通了计算机，一下子打开了一扇明亮的窗户，他采用电脑软件和扫描仪辅助，苦干加巧干，效率成倍提高。

邓建军说："今天我们一个小时两个小时能解决这个问题，但是没有这样的工具（测试软件），一天两天三天都会有可能。没办法，现在的机器太先进了。不掌握计算机，人就成了瞎子。"

随着互联网的普及，邓建军开始利用便捷的网络，浏览技术网站，搜集英文资料和与电气、机械、纺织专业有关的各种信息。公司电工班班长姜永强风趣地说，从过去抄书到现在用笔记本电脑，邓工绝对跟得上时代。在他的邮箱里，有很多与国外的技术人员互通的 E-mail，他经常用这种快捷的方式完成技术交流，特别是碰到问题时，发个 E-mail 给老外已成了常事。半个月前，邓建军给世界著名的纺织设备提供商德国某著名公司发去了一封电子邮件，反映设备使用中遇到的问题，对方很快派人到黑牡丹公司了解情况。

2005 年 4 月 11 号，中央电视台记者在采访邓建军的时候，正赶上黑牡丹公司最先进的一套进口染浆机出现故障，设备自动停机。邓建军得到消息后，抓起维修包就来到了车间。记者发现，他的维修包里根本没有钳子、万用电表这些电气维修工常用的工具，只是带了一台笔记本电脑。

他打开电箱，接好数据连接线，启动电脑开始测试。

邓建军把参数输进去，读了一下参数，就知道哪儿有问题了。

记者问道："这么快？"

邓建军不无骄傲地说："我的测试软件是最新版的。"

在对比了变频器的参数之后邓建军发现，电脑显示张力信号为零，而其他数据正常。他断定是张力信号放大器出现故障，立即动手换一个新的。

故障排除，机器重新运转。

这时，记者看了一下手表，从开始到结束，一共只用了1小时37分。

邓建军遇到难题时经常打开电脑，立即上网，快速打开个人邮箱。他说："前不久公司一台染浆联合机通讯系统出现小故障，我给外籍专家发邮件请教，不知回复没有，快看看！"

邓建军的邮箱里大部分是英文邮件！他查到要找的邮件，用流利的英语读出声来。他说，现在通过电子邮件和他经常交流的外籍专家有四五个。

我在邓建军科研组采访那天，有人从车间来叫邓建军，说有机器停转了，不知道什么毛病，让他去看一看。

邓建军提着手提电脑去了，最后确定电缆线有问题。

于是他开始换电缆线。

可是，换了以后机器还是不能转动。有几个工人围着他，看样子非常着急。邓建军想了一下，于是打开电脑，立刻给这家德国公司的工程技术人员发电子邮件。

不到10分钟，一封来自德国的电子邮件发回来了。

邓建军打开一看，上面告诉他，有两根电缆线，大概是接反了，换一下试试看。

邓建军立刻跑到车间里去，将两根电缆线一换，好了，机器转动起来了。

邓建军感慨地说："除了电脑之外，人的实践经验也很重要啊！"

面对古老的运河

邓建军回母校

坐落于大运河畔的常州职业技术轻工学院绿草如茵，花红似锦。

2004年6月3日，邓建军回到母校来了。

他走进教室，来到会场，与年轻的同学们进行交流。

问："你是如何看待社会上对于'白领'和'蓝领'的看法的？"

答："我只知道不断地学习，不管你是'金领'也好，'银领'也好，'白领'也好，'灰领'也好，'蓝领'也好，关键是你得有真本领。"

问："如果你上了大学，现在会是什么样？"

答："肯定跟现在不同。我的这些都是被压出来的，逼出来的，谁也没有叫我这样做，但为了生存和发展，我必须得这样做，否则就会被时代淘汰。"

问："你成功的时候，你很辉煌了，然后别的公司用更高的年薪聘请你，你有没有想过要走掉啊？"

邓建军很诚恳地回答说："我觉得我也很普通，可能我在某一方面比后来的人早学了一点，比别人先走了一步。也有老外这样跟我说过，到我们公司吧，我们欢迎你去。但想想的话，我们企业还是给了我一个很好的舞台。"

问："现在很多人特别是一些高学历的人，都想到外国公司去工作，那里收入高，还有假期，你为什么不想去？"

答："因为我是中国人。"

问："我们将来参加工作以后，如何才能提高自己？"

答："学习学习再学习。"

问："除了学习，还有什么办法？"

答："用工人的话来说，那就是干，如果你不去干，就永远都不可能提高。"

……

与这些比自己更年轻的校友们交流，邓建军觉得自己也变得更加年轻了。他们哪来那么多稀奇古怪的问题呢？自己当年可没有这么多的问题，只顾一门心思干工作，时代给这些更年轻的校友们注入了一种什么样的动力呢？

母校聘请邓建军为专业咨询委员会委员，党委书记杨兴华将一枚闪闪发光的新校徽别在邓建军胸前。

了解邓建军的老师们都知道，邓建军在班级的学生中当时并不是最聪明的，然而他却是最认真的一个，正是这样一个学生，走出校门多年后，成了中国数千万现代工人的领跑者。

母校的老师们回忆邓建军的成长过程，给我们这个时代和我们这个时代的教育带来许多深思。

曾担任过邓建军所在工电841班《数字电子技术基础》课程教学的薛茂元副教授说："他的成绩不是全班最好的，但他是最勤奋的，他的天才来源于他的勤奋与积累。"

据薛教授介绍：当时的邓建军是他所教课程的课代表，工作踏实负责，勤学好问，重视故障分析。印象最深的是邓建军在理论课结束后的两周实践教学（一周课程设计，一周电子实习实践教学）中的表现。邓建军在两周的实践教学环节中很勤快，无论是设计，还是制作、调试，他都积极参与，亲自动手。

当时的实践教学内容是：用学校从企业无价调拨的物资设计、制作一个自动打铃的数字电子钟，该电子钟是用小规模集成电路设计制作的，题目大，制作时分几个小组分别进行。邓建军在"控制电路组"，他从绘制、腐蚀、印制电路板到焊接、组装控制电路板和总调试，整个过程都积极参与，亲自动手，脚踏实地；并且在实践中，勤观察，善思考。例如在腐蚀、印制电路板时，开始没有晃动，结果反应速度慢，过了好长时间印制电路板还是没有什么变化。他问老师是什么原因，老师说应该不断晃动，这样才能提高印制板附近的应感物浓度，减小生成物浓度，从而提高反应速度。按照老师的要求，他终于成功了。在进行总结时，他不仅把上述现象和解决方法详细地写进了实习报告中，而且还把提高三氯化铁溶液温度（用热水）出现印制电路板线条不平滑现象和调试中虚焊等故障现象分析都写在实践报告中。他写的实践报告好，好在善于总结，好在"故障分析"写得好，因此老师把他的实践报告作为样本给以后的学生实践时参考。

"邓建军在学生时代就重视实践教学环节，勤动手，勤思考，勤观察，勤记录，善于总结、分析故障，这些好的学习习惯为他以后走上工作岗位继续学习、不断创新打下了良好的基础。他成功的秘诀就是勤奋和积累。"薛教授这样说，"邓建军工作认真负责，从不计较个人得失。他在担任数字电子技术课代表时，由于当时学校没有电子实习场所，实习只能在教室里进行。而其中的腐蚀印刷电路板实习不宜在教室里进行，为了不污染教室，选在了教学楼东面空地进行，每天需要把腐蚀印制电路板实习的器具搬上搬下，并且要妥善保管好。这项任务自然而然就落到了课代表邓建军身上，他以身作则，不辞辛劳，认真完成了老师交付的任务。"

良好的品性和实事求是的态度正是邓建军成功的秘密武器。

我们的教育应该从邓建军身上得到什么样的启示呢？

邓建军同班同学、留校任教的丁辉老师也介绍说，邓建军在校时学习刻苦，爱钻研，具有团队合作精神，他能成为黑牡丹科研组的核心人物，与他这些优秀品质有必然的联系。

并非天才的邓建军，经过自己多年不懈的努力，最终在中国纺织机械方面敢与世界顶级技术抗衡，成了人们学习的榜样。

一个当年学习成绩本不是最顶尖的校友带着他为社会作出的巨大贡献，带着祖国和人民给予他的荣誉回到母校来了，他的成功给正在校园学习的年轻人带来了一阵春风。

邓建军让我们认识了一个时代。信息化，知识化，构成了这个时代的两大特色。

中国大地上，正在进行着五千年来从未有过的翻天覆地的变化。随着世界经济一体化和全球科学技术的相互交流与渗透，邓建军的出现更有其深刻的内涵。

邓建军的意义在于他以自己的实际行动，推动了时代的发展与进步，改变了中国工人的传统形象，在中国工人的史册上，用智慧塑造了一个全新的形象——将老一代中国工人埋头苦干的老黄牛精神与探索求真、科学务实的时代精神有机地结合起来，使之成为一个有知识、有理想、有抱负的时代精英。

小人物，大事业，平凡岗位，惊人成就，这就是邓建军！

学习先进的东西，结合中国的国情不断改造创新；创造中国人自己的核心技术，这是邓建军努力奋斗的一个主要目标。

邓建军说过："中国要大力培养有知识、肯奉献、乐于为富民强国的和谐社会建设添砖加瓦的技术工人队伍。我认为，在技术创新的过程中所遇到的各种挫折都是弯路，但挑战困难也是人生一大乐事。"

仔细想一想，邓建军没有做过任何惊天动地的壮举，在他走出校门成为一名工人的人生岁月中，所做的大都是一些不为人所关注的小事，也是许多人通过努力可以做到的事情，对于那些学历和专业水平高于他的人，更不会是一件太难的问题，可是有些人没有做，而邓建军却踏实地去做了。做好了千万件小事就是做大事，做好千万件容易事就是不容易的事，这是一个辩证的道理。邓建军之所以成为时代的楷模，就在于他在平凡的岗位上做了千千万万的小事、容易事，才成就了企业腾飞和民族工业振兴的大事。

　　邓建军的自学成才之路是新时代中国工人的必经之路。

　　应该感谢邓建军的母校，是它在传授知识的同时，为邓建军塑造了一个美好的灵魂。他以诚实对待知识，对待科学，对待生活，对待社会，在择业上的务实与踏实，都为中国现代教育提供了深刻的启示。

　　邓建军的事迹告诉我们，学习虽然首先是个人的需要，但个人的需要必须融入企业和社会的需要，服从于企业和社会的需要，才能深深地根植于成才的土壤，才能产生持久的学习动力，个人价值才能在自我提升和超越中得以实现。

　　这就是面对着新的时代，中国职业教育和中国工人在自身前进道路上所出现的"邓建军现象"。

　　对新时代劳动模范的向往和热爱，深深地激励着一颗颗年轻的心。

　　邓建军母校为了更好地向邓建军学习，发起成立了"邓建军班"，并将这个光荣称号授予了02信息331班。

　　2004年11月18日，当首届"邓建军班"毕业的时候，又将这个光荣的称号授予了下一届。

　　仪式前，由首届"邓建军班"的同学捐资300多元，两届同学共同在学校里种下了一片"建军林"，他们一起在这片树林前合影留念。当新一届的同学接过闪闪发光的"邓建军班"班牌时，同时也接过了继承和发扬邓建军精神的重任，他们以邓建军为榜样，提出了"今日我以轻院为荣，明日轻院以我为荣"的口号，以邓建军为榜样，努力成才，报效祖国。

　　五年前，白建波考入了邓建军的母校，他的决心就是将

△ 常州轻院举行青年教师座谈会，学习邓建军先进事迹

来做一名邓建军一样的技术工人，为国家的富强贡献自己的一份力量。

五年来，小白朝着这条道路，不断地学习和提高自己，在学校里处处都以邓建军为榜样，特别是在数控加工技术的应用方面，他更是一刻也不肯放松。

2004年，年仅20岁的白建波成为在全国数控技能大赛中江苏唯一获奖的学生选手！

现在，这个年轻人即将毕业了，他立志留校担任教师，把自己的经验和知识传授给更多的青年学生。

院党委书记杨兴华说："学习邓建军，努力成为高技能专门人才，已经成为全校学生的共同愿望和志向。学院连续三年一次性就业率达到100%，为社会输送了近万名高级技术人才。随着社会对高技能人才需求量的增大，现在职业大专学生的就业率已高于许多本科院校。"

2005年4月24日，邓建军母校以"以学习增强能力，以奉献体现价值"为题，向全国职业技术院校发出了倡议书，号召全国职业技术院校的师生向邓建军学习，学习他知识改变命运，学习创造未来；学习他以学习增强能力，以创新创造业绩，以奉献体现价值，以主人翁责任感和艰苦创业的精神，忘我的工作热情和无私奉献的境界，强烈进取的意识和创新求实的精神……

2005 年 4 月 24 日,《中国教育报》在头版全文刊登了这份倡议。

邓建军母校从培养邓建军获得了深刻的启示,树立科学发展观,深化改革,加快发展,逐步构建起理念先进、特色鲜明、质量一流、具有轻院品牌的现代职业教育;以服务为宗旨,以就业为导向,与经济和社会协调发展,向社会输送更多的高技能专门人才,跨入全国示范性高职学院行列。

2005 年 10 月 14 日上午,胡锦涛总书记来到邓建军母校视察,为中国职业教育和技工人才的培养带来了春风。

为了适应现代化发展的需要,学校决定按照总书记的指示,大力培养邓建军式的实用型人才,到 2010 年,将形成以行业为特色,以数控为龙头,立足江苏,服务"长三角",多专业协调发展的专业体系;设置八系 20 个专业群 30 个应用专业方向,在校生规模达 1.3 万人;培养一支师德高尚、结构优化、业务精湛、创新力强、富有活力的教师队伍,建立多元化格局的办学体制,探索行业办学、自我发展的市场化办学的体制和机制。到 2015 年,学院具有现代化的优质教育资源和花园式的校园环境,具有面向市场、自我发展、自主创新的办学机制和办学模式,具有国际化、多元化、开放性产学研相结合的办学体系,为社会培养更多的邓建军式的技能型人才。

→ 邓建军与当代大学生对话

★★★★★

邓建军来了!

南京大学一下子沸腾了!

2005年五一国际劳动节，邓建军作为全国劳动模范出席了在北京召开的全国劳动模范大会，受到了以胡锦涛总书记为首的党和国家领导人的接见。当他以新时期中国工人的形象，在人民大会堂站起来向全国人民微笑致意的时候，便早已将无数年轻的心吸引了。

南京大学、南京邮电大学、南京航空航天大学、南京医科大学、南京工业大学等江苏十多所高校向他发出了邀请。当年与大学擦肩而过的邓建军，成了大学里备受欢迎的时代楷模。

刚刚从北京回到江苏的邓建军还没来得及喘一口气，就同董事长、全国劳动模范曹德法以及邓建军科研组的伙伴雷勇、顾建强来到南京大学，与南京高校的学子们进行互动活动。给洁净的校园增添了一抹亮色，出现了大学生追捧劳动模范的热烈场景。

未曾有机会进入大学校门的邓建军，成了高校学子们的表率。

一身牛仔服的邓建军微笑着与学子们对话。

这里的对话已上升到了一个更高的层次。

问："当今浮躁的社会氛围中，你是怎样坚定这份执著与责任的呢？"

邓建军坦率地说："我是被自己给逼出来的，自考、学技术是个人生存的需要，无论专科生、本科生或研究生，都不能永远停留在原来的水平上。从这个意义上来说，学习是发展的需要。"

问："不可理解，你如何能在一天工作十四五个小时的情况下找到学习、工作的乐趣？"

答："最根本的是本人喜欢这个职业，我性格内向，可能更适合技术工作。每当碰到技术上的问题，我总会全身心地投入，投入中也会为不能解决的难题而苦恼，而一旦攻破，我就会很开心。为企业创造了效益，为祖国赢得了荣誉，一种自豪感就会在心中升起，这就给了我工作的动力和学习压力，使我品尝到了学习的乐趣和甜蜜。"

问："你没有更多的时间关心爱人和孩子，你的家庭幸福吗？"

答："当然是幸福的哟！这要看我们怎么理解这两个字，我在与机器打交道的过程中感到了乐趣，爱人和孩子在看到我对社会作出的贡献后也很高兴，有酸有苦，才会知道甜的滋味。"

……

这就是可爱的青春，这就是美丽的爱情，无数颗年轻的心被久久地吸引。

掌声，经久不息的掌声，在报告大厅里回响。

中国技术装备的现代化应该走一条什么样的道路？中国应该培养什么样的技术工人或者技师？我们的教育应该如何为这种现代化事业做一些切合实际的工作？这是摆在我们面前的一个大课题。

邓建军从小改小革入手，不断破解纺织机械行业的全国性、世界性难题。他成长的过程告诉我们，每一个职工同样具有开拓创新的能力与责任，有攻坚克难的机会和才能，他是用智慧将自己打造成知识型职工的榜样。

在邓建军的身上，仍保留着中国传统工人团结协作、敬业奉献的高尚情操。他所领导的"邓建军科研组"成为一支拉得出、打得响的坚强团队，他是邓建军事业的坚强后盾，也是邓建军事业的坚实基地，许多的科研成果，都是他团结这个科研组的成员们共同奋斗完成的。

在对话中，可以看出学子们对他的喜爱，也可以看出邓建军的成才之路对于他们的深刻影响。

第一个同学举手站起来，提问之前首先称他为"邓建军同志"。

这是一种在学生中很少用到的官方语言。

第二个同学称他为"邓师傅"。

这是一种谦逊的称谓，表示对于面前这个人物在心理上的尊重。

第三个同学则称他为"邓大哥"。

好，够哥们儿，这位全国劳动模范在他的眼里已经走下"神坛"，成了他们大学生中的一员。

邓建军所做的一切，是每一个学子经过努力都可以做到的。从邓建军的身上，他们看到了自己的未来，看到了自己应该走的道路。

同学们都说，邓建军的成绩不是靠"吹"起来的，而是实实在在的，是一步一个脚印积累起来的，的确催人奋进，我们佩服他这样有知识有头脑的劳模。

邓建军同样是新时代中国青年的领跑者！

我曾在邓建军科研组那张长长的工具台前，与邓建军面对面地坐着长谈，他对我说："其实这个科研组的每一个人都是很优秀的。"

接着邓建军就报出了雷勇、顾建强、陈志强、姜永强、杨文俊、徐文虎、席中豪、徐彬等一大串人的名字。

他接着又说："他们每一个人都是很好的学习榜样，只是大家把这样的机会和荣誉都给了我。"

邓建军的道路展示了新时期中国产业工人的岗位成才之路。这里蕴含着以学习增强能力，以创新创造业绩，以奉献体现价值的精神内涵。

邓建军的道路是中国产业工人知识化的必由之路，是中国新型化工业道路的迫切需要，是提升制造业，增强竞争力，加快民族工业发展的迫切需要。在新时期我们不但需要自己的科学家、工程师，同时也更需要具有较强的动手能力，将理想与图纸变为现实的专家型的技能人才，在我国现代化的进程中，能力型、动手型的一线人才出现了前所未有的紧缺，因此时代呼唤着千千万万个邓建军。

无论如何，邓建军都是一个成功者。

报告会结束的时候，邓建军对南京大学学子们说："希望每一个同学都要不断学习，终身学习，不断提高自身的竞争力。"

邓建军受到大学生的欢迎，这反映了一种正在悄然变化着的价值观。

我曾与邓建军谈起过近来出现的"邓建军现象"。

他听后却淡淡地说："我不算很成功，只是在自己的本职工作上做了一些努力。对青年人我有这样一个看法，只要你肯努力，即使没有受过高等教育，在自己的岗位上也一定会成功，我想这对引导青年人有一定意义。"

从南京的高校回来后，邓建军感慨颇多。

他曾动情地说，大学是充满活力的，没能进入大学可能是自己一生的遗憾，但自己在后来的工作与学习中还是感受到了学校培养的重要作用。在走上社会以后，学历固然重要，但更重要的是能力。能力来源于学习，而学习的层次是多方面的，其中实践就是一种很重要的学习。

与大学失之交臂的邓建军，被南京大学聘为名誉辅导员。

南京大学常务副校长向邓建军颁发了聘书。

今后，邓建军将不定期地将自己的科研成果及工作中积累的经验、体会到南京大学，与学子们相互交流。

在短短的几天时间里，邓建军一共在南京高校向大学生们作了十二场专场报告，所到之处反应热烈。

种子落进了泥土里，就会生根发芽，长成参天的大树。在邓建军这个时代领跑者的带领下，在伟大的时代潮流中，将会涌现出一大批国家的栋梁，将会带来一片绿树成荫的新天地。

后 记

前面是一轮更加鲜红的太阳

邓建军的故事还在继续。

位于大运河畔的常州是一座有着两千多年历史的文化名城，古称龙城。

在离黑牡丹集团不远的地方有一条小巷名叫青果巷，这是一条盛产名人的小巷，这条小巷孕育的果实就是名人。从明末到民国时期，这里走出的名人不计其数。这其中包括中共早期领导人瞿秋白，著名民主爱国人士史良，被称为中国纺织大王的爱国实业家刘国钧，中国早期洋务运动倡导者盛宣怀，著名谴责小说《官场现形记》的作者李伯元，著名语言学家赵元任，明代著名散文家、抗倭名将唐荆川……明清时期，小巷里考中的进士近百人，这是一个中国古代文化史上的奇迹。名人和文人的故居就这样连成了一条五六百米长的小街。孩提时代的他们，就是这里青青的果子，在小巷慢慢地成熟，然后走向推动中国社会前进的大舞台。

在一条小巷里，名人的密度如此之大，这在全国乃至于世界上恐怕也是少见的。

为什么一条小巷会出现如此众多的名人呢？

寻找这些名人的足迹，人们发现，他们的一个重要方面就是学习，永远不断地学习。

邓建军读中学时的金坛市，是著名数学家华罗庚的故乡，同样属于常州市辖区之内。邓建军是沿着这些名人的足迹走过来的，他的出现与常州这座充满着书卷气的城市密不可分。正是这座城市崇尚学习的文化渊源，才有可能在新时期诞生出邓建军这样的中国工人的领军人物。也正是邓建军，给这座城市带来了更加浓厚的学习科学文化技术的热潮。

常州市图书馆楼上的信息室里，挂着"邓建军科研组学习基地"的牌子。图书馆里的科技书籍，向这个科研小组免费开放，科研组每年都要在这里搞两次科研活动，与全市的其他科研小组进行交流。

邓建军刻苦钻研学习的精神，就这样通过图书馆里的这块牌子，生动地向全市展示出来，起着重要的引导作用，进而带动着全市职工树新风，学技能，钻业务，尚学习的新风。

到2004年5月为止，市图书馆不但办起了红领巾读书会，同时还办起了企业家读书俱乐部。据统计，光是邓建军所在的黑牡丹集团就有415名职工办理了图书借阅证，平均每人每年借阅图书达15册，其中最多一名员工达147册。

这个数字还在逐年增加。

"学习邓建军，创建学习型班组，培养知识型职工"，已成为邓建军所在城市职工的强烈愿望。以邓建军为榜样，广大职工勤奋学习，刻苦钻研，一大批常州职工正在成为邓建军式的技能人才。

吴淑贤是戚墅堰机车车辆厂的一名高级焊接技师，在她的带领下，她所在班组的四位女电焊工在多次技术大赛中都技压群芳，被人们称为"五朵金花"。这支女子焊接班，成了厂里的骄傲，全国系统的模范，吴淑贤还荣获了全国先进女职工称号。

在向邓建军学习中，这个焊接班针对产品焊接中遇到的问题，不断地研究试验，终于解决了许多焊接中的难题。既保证了产品质量，更提高了工作效率。

为了让自己的技术得到更多的传播，她们每人收了两个徒弟，毫无保留地将自己的技术教给她们，让年轻的一代焊接工从自己手中学到更多的知识。

由于这个班的带动，现在全厂里的100多名女电焊工，高级工达到88%。

在当前全国出现技工荒的情况下，对于一家企业来说，这是一笔多么难得的宝贵财富啊!

江苏多棱数控机床有限公司,过去是一家名不见经传的三流小企业,在全国同行业中根本没有多少地位。现在可不同了,这家企业一下子"牛"了起来,不但跻身全国同行业的"第一方正",同时在技术方面还有自己的一些"秘密武器"。

为什么会出现这种现象呢?

有关领导坦诚地说,这全得力于向邓建军学习,是邓建军的精神给了我们启示。回顾企业壮大的过程,这得益于发动广大职工学习钻研,培养了一大批技能高本领强的技术能手。以前,只有一个车间能做数控机床的产品,现在所有车间都能做了。

现在,常州广大职工早已不再满足于一般意义上的读书看报,也不再停留单纯地自学考试,获取一纸文凭。学习邓建军精神,争当技术能手、技术明星、技术状元,使自己成为一专多能的技术复合型工人,已经在全市职工中蔚然成风。众多进取型、学习型、实干型的邓建军式的职工正如雨后春笋般出现。他们以自己的聪明才智和满腔热情,为社会主义的祖国贡献着自己的智慧和力量。

在第一届全国数控和技工学校技能大赛的比赛中,参加的 11 名常州选手有 9 名获奖。

紧接着在第七届中华技能大奖赛和全国技术能手评选中,通过全国选手激烈的角逐,有 5 名常州职工获得了"全国技术能手"的光荣称号。

在江苏省数控能手大赛中,常州市获得了全省第一名的好成绩。

2004 年,江苏省在全省的 13 个省辖市中评选出 100 名"江苏省技术能手",常州市被选入的职工占了其中的 15%。

2005 年 7 月 6 日,由中共中央宣传部和中华全国总工会联合组织的全国劳模事迹报告团首场报告在北京人民大会堂启动,邓建军第一个在会上作了"当知识型职工,做民族工业脊梁"的事迹报告。报告会由中宣部副部长、中央文明办主任胡振民主持。中共中央政治局委员、全国人大常委会副委员长、中华全国总工会主席王兆国等参加了报告会。会前,王兆国等中央领导亲切接见了报告团全体成员并合影。

在邓建军的整个成长过程中，已九次受到了王兆国同志的接见。

现在邓建军所在的黑牡丹集团公司已启动有史以来最大规模的技术改造工程：全部5个老厂区9条生产线上的设备，将在六个月内全部搬迁至投资20亿元的天宁科技园，邓建军是这项浩大项目的主要负责人；未来三年内，除了要对传统产业进行升级改造外，邓建军还要负责科技园内新兴及新能源产业、都市产业的运营开发。邓建军说：面对市场竞争、面对技术知识的不断升级，他只有不停奔跑。

采访中，当我问到邓建军，再过20年你会是一个什么样子时，他张开厚厚的嘴唇微微一笑，说："那太遥远了，不是我现在要想的事情。我现在的愿望就是要将眼前的事情做好，把将来的基础打牢。"

他那憨厚朴实的脸上现出了自信。

我这才想起，这是一个行动永远大于宣言的年轻人。

太阳升起来了。

邓建军又来到了古运河畔，来到了当年他进厂时所走过的那条狭窄的淘沙巷。他站在这里，站在自己步入社会的起点，看着滚滚的运河水浩荡东去，心里久久难以平静。

小巷依旧，厂房仍在，但他自己却发生了深刻的变化。时代变迁，大浪淘沙，小小的淘沙巷给了他太多的人生启迪。

当年，当邓建军怀揣着一张中专毕业文凭来到这里的时候，怎么也不会想到17年后自己会从一名极其普通的工人迅速地成长为一名全国著名的劳动模范，成为一名数千万中国工人的领跑者。是祖国和人民对他的人生选择作了充分的肯定，给予他所做的一切如此崇高的荣誉。

现在，邓建军已走出了常州，走出了江苏，成为全国职工学习的楷模。全国总工会向全国职工发出了号召，以邓建军为榜样，努力学习，充实自己，打造新时代的工人形象，塑造新时代的知识型工人——这是时代向中国工人提出的要求。

面对一个全新的时代，邓建军充满信心地行进着。他的脚步坚定而稳健。前面，是一轮更加鲜红太阳！

/100位

新中国成立以来感动中国人物/

丁晓兵　马万水　马永顺　马恒昌　马海德　中国女排五连冠群体

孔祥瑞　　孔繁森　　文花枝　　方永刚　　方红霄　　毛岸英

王　杰　　王　选　　王　瑛　　王乐义　　王有德　　王启民

王进喜　　王顺友　　邓平寿　　邓建军　　邓稼先　　丛　飞

包起帆　　史光柱　　史来贺　　叶　欣　　甘远志　　申纪兰

白芳礼　　任长霞　　刘文学　　刘英俊　　华罗庚　　向秀丽

廷·巴特尔　许振超　　达吾提·阿西木　　邢燕子　　吴大观

吴仁宝　　吴天祥　　吴金印　　吴登云　　宋鱼水　　张　华

张云泉　　张秉贵　　张海迪　　时传祥　　李四光　　李春燕

李桂林和陆建芬夫妇　　李素芝　　李梦桃　　李登海　　杨利伟

杨怀远　　杨根思　　苏　宁　　谷文昌　　邰丽华　　邱少云

邱光华　　邱娥国　　陈景润　　麦贤得　　孟　泰　　孟二冬

林　浩　　林巧稚　　林秀贞　　欧阳海　　罗映珍　　罗健夫

罗盛教　　草原英雄小姐妹　　赵梦桃　　钟南山　　唐山十三农民

容国团　　徐　虎　　秦文贵　　袁隆平　　钱学森　　常香玉

黄继光　　彭加木　　焦裕禄　　蒋筑英　　谢延信　　韩素云

窦铁成　　赖　宁　　雷　锋　　谭　彦　　谭千秋　　谭竹青

樊锦诗

图书在版编目（CIP）数据

邓建军 / 沈国凡著. -- 长春 : 吉林文史出版社,
2012.7（2022.4重印）
（100位新中国成立以来感动中国人物）
ISBN 978-7-5472-1138-0

Ⅰ. ①邓… Ⅱ. ①沈… Ⅲ. ①邓建军－生平事迹－青
年读物②邓建军－生平事迹－少年读物 Ⅳ.
①K828.1-49

中国版本图书馆CIP数据核字(2012)第171684号

邓建军

DENGJIANJUN

著/ 沈国凡

选题策划/ 王尔立　责任编辑/ 王尔立 李洁华 马华 任玉茗

装帧设计/ 韩璘

出版发行/ 吉林文史出版社

地址/ 长春市福祉大路5788号　邮编/ 130118

电话/ 0431-81629363　传真/ 0431-86037589

印刷/ 天津海德伟业印务有限公司

版次/ 2012年8月第1版 2022年4月第4次印刷

开本/ 640mm×920mm　1/16

印张/ 9　字数/ 100千

书号/ ISBN 978-7-5472-1138-0

定价/ 29.80元